PONTIFICIA UNIVERSITAS GREGORIANA

TEXTUS ET DOCUMENTA

IN USUM EXERCITATIONUM ET PRAELECTIONUM ACADEMICARUM

SERIES THEOLOGICA
28

BULLARIUM ANNI SANCTI

COLLEGIT ET EDIDIT

HERMANUS SCHMIDT S. .

IN UNIV. GREG. THEOL. PROF.

ROMAE

APUD AEDES PONT. UNIV. GREGORIANAE

1949

IMPRIMI POTEST

Romae, die 8 oct. 1949

P. PAULUS DEZZA S. I.
Rector Universitatis

IMPRIMATUR

Ex Vicariatu Urbis, die 12 oct. 1949

† A. TRAGLIA
Archiep. Caesarien., Vic. ger.

TYPIS PONTIFICIAE UNIVERSITATIS GREGORIANAE - ROMAE

INTRODUCTIO

« Iubilaeum maximum, quod per proximi anni decursum hac in alma Urbe celebrabitur », studiosos denuo incitat ad Anni Sancti historiam pervestigandam. Accedunt cum nota specialis huius Iubilaei proximi - quod putatur in serie saeculari esse Annus Sacer vicesimus quintus - tum parvum sed egregium libellum Petri CHIMINELLI, *Storia in miniatura degli Anni Santi* (Roma, Edizioni Italia Cattolica, 1949. 72 pp.) quae nos commovebant, ut bullarium completum huius institutionis componeremus.

Documenta pontificia primarii fontes huius antiquae institutionis scientifice disceptandae existunt. Tamen nondum editum est eius bullarium completum; tantummodo habentur quaedam collectiones determinati Anni Sancti, sicut anni 1750 (BENE-DICTI XIV *Constitutiones et Epistolae ad universale iubilaeum spectantes*. Venetiis, ex typographia Ioannis Tagier, 1751; Venetiis, Giuseppe Bettinelli, 1750), anni 1900 (Thomas ARIZZO-LI, *Constitutiones Leonis XIII super Iubilaeo Universale ... quibusdam annotationibus additis in commodum confessariorum*. Romae, ex typogr. polyglotta S. C. de Prop. Fide, 1900) et anni 1925 (in: *Cronistoria dell'Anno Santo MCMXXV; appunti storici - dati statistici - atti ufficiali; con appendice storico-bibliografica a cura della segretaria generale del comitato centrale*. Roma, tipogr. poliglotta Vaticana, 1928); ergo collectio nostra dici licet prima editio completa. Tamen hac ipsa de causa opusculum nostrum etiam defectus huic rei annexos praeseferat et fortasse principaliter in nota integritatis, quam iactat habere. Nobis conscii sumus huius periculi sed editionem conati sumus, quia profecto nova praebemus ac speramus fore ut alii peritiores hoc opusculum perficiant.

Documenta colligimus ex tabulariis, incunabulis, bullariis et actis Summorum Pontificum. Praebemus elenchum chronologicum omnium documentorum pontificiorum, locis vel libris indicatis, ubi textus inveniri possunt; deinde tantummodo principaliorum documentorum ineditorum vel difficulter inveniendorum et bullarum indictionis textus edimus, interiectis a nobis selectis titulis ad conspectum subveniendum. Ubi repetitiones eiusdem materiae habentur, verba non de novo impressa sunt sed per systema clarum numerorum reicitur ad documenta praecedentia. Clausulae et sanctiones poenales in ipso textu abbreviatae sunt, cum in appendice earum enuntiationes cum variationibus schematice proponantur. Indices Summorum Pontificum et initiorum adiumenti causa adiectae sunt.

Bibliographia amplae litteraturae Anni Sancti hoc in opusculo nobis supervacanea videtur, quia inveniri potest in supra nominato opere *Cronistoria dell'Anno Santo MCMXXV* (pp. 987-1054; *Saggio di bibliografia dell'Anno Santo 1925;* pp. 1055-1190: *Saggio di bibliografia degli Anni Santi dal 1300 al 1900*).

Hoc bullarium nobis non tantum historiae Iubilaei maximi Anni Sancti perutile videtur sed etiam theologiae; haec documenta enim continent perpulchra capita de Ecclesia Christi, de Summo Pontifice, de alma Urbe, de regimine Episcoporum, de thesauro Ecclesiae, de doctrina Indulgentiarum, de cultu Sanctorum, de spiritualitate per decursum temporum, de potestate temporali, etc. Iterum ostendat hoc opusculum divitias immensas documentorum pontificiorum!

ABBREVIATIONES

AAS - *Acta Apostolicae Sedis.*

BB - Sanctissimi Domini Nostri *Benedicti* Papae XIV *Bullarium* . Editio 4ª emendatior et auctior. Venetiis, J. Gatti, 1778.

BM - *Bullarium Magnum,* seu novissima et accuratissima bibliotheca apostolicarum constitutionum, opera et studio Caroli Cocquelines. Romae, Hier. Mainardi, 1739-1762 (*Titulus sex priorum voluminum* : Bullarum, privilegiorum ac diplomatum Romanorum Pontificum amplissima collectio cui accessere Pontificum omnium vitae, notae, et indices opportuni. Opera et studio Caroli Cocquelines).

BOO - *Benedicti* XIV *Opera Omnia.* Prati, ex typographia Aldina, 1845-47. Vol. XV-XVIII : Bullarium.

BRC Prati - *Bullarii Romani Continuatio* ... *Prati,* in typis Aldina, 1840-1856.

BRC Romae - *Bullarii Romani Continuatio* ... curis Andreae Barberi, Alexandri Spetia et Raynaldi Secreti. *Romae,* Rev. Cam. Apost., 1835-1857.

BT - *Bullarum,* diplomatum et privilegiorum sanctorum Romanorum Pontificum *Taurinensis* editio ... auspicante S. R. E. cardinali Francisco Gaude. Augustae Taurinorum, Seb. Franco et Henrico Dalmazzo editoribus, 1857-1872.

LA - *Leonis* XIII Pontificis Maximi *Acta.* Romae, ex typogr. Vaticana, 1881-1905.

PA - *Pii* IX Pontificis Maximi *Acta.* Pars prima : acta exhibens quae ad ecclesiam universam spectant. Romae, ex typogr. Vaticana.

ELENCHUS DOCUMENTORUM PONTIFICIORUM
QUAE AD ANNUM SANCTUM SPECTANT

Documenta, quorum numeri arabici crasso typo habentur, hoc in opusculo edita sunt.

I. 1300 Bonifacius VIII 24. XII. 1294, 23. I. 1295 - 11. X. 1303.

1. Bonifacius VIII « *Antiquorum habet* » 22 Febr. 1300 : Institutio sanctissimi Iubilaei plenariaeque peccatorum remissionis pro quolibet centesimo anno basilicas SS. Petri et Pauli apostolorum de Urbe visitantibus.

BM III² 94; BT IV 156-157.

2. Bonifacius VIII « *Nuper per alias* » 22 Febr. 1300 : Rebelles Ecclesiae excluduntur a beneficio indulgentiae centesimi seu Iubilaei.

D. Quattrocchi, L'anno santo del 1300 : Bessarione anno IV vol. VII fasc. 45-46 pp. 315-316.

3. Bonifacius VIII « *Ad honorem Dei* » 25 Dec. 1300 : Forma gratiae non bullatae quam concessit peregrinis in die Natalis Domini in fine videlicet centesimi qui fuit millesimus trecesimus.

D. Quattrocchi, L'anno santo del 1300 : Bessarione anno IV vol. VII fasc. 45-46 pp. 316-317.

II. 1350 Clemens VI 7, 19. V. 1342 - 6. XII. 1352.

1. Clemens VI « *Unigenitus Dei Filius* » 27 Jan. 1343 : Annus Iubilaeus sive plenaria remissio, quae olim dabatur quolibet centesimo anno omnibus vere poenitentibus et confessis,

visitantibus basilicas beatorum Petri et Pauli, ad annum quinquagesimum reducitur.

Corp. Iur. Can. (ed. FRIEDBERG) II 1304-1306.

III. 1390 Gregorius XI 30. XII. 1370, 5. I. 1371 - 26. III. 1378.
Urbanus VI   8, 18. IV. 1378 - 15. X. 1389.
Bonifacius IX   2, 9. XI. 1389 - 1. X. 1404.

1. GREGORIUS XI « *Salvator noster Dominus Iesus Christus humanam* » 29 Apr. 1373 : Statuit anno Iubilaei etiam visitari ecclesiam beatae Mariae Maioris de Urbe.

Archivio Vaticano, Reg. Vat. 408, fol. 108r-v.

2. URBANUS VI « *Salvator noster Unigenitus* » 8 Apr. 1389 : Iubilaeum celebrari praecipit quolibet anno trigesimo tertio.

THEODORUS A SPIRITU SANCTO O. Carm., Tractatus historico-theologicus de Iubilaeo praesertim Anni Sancti. Romae, 1750. pp. 32-33 (hic habetur tantum pars essentialis bullae).

IV. 1400 Bonifacius IX   2, 9. XI. 1389 - 1. X. 1404.

V. 1423 Martinus V   11, 21. XI. 1417 - 20. II. 1431.

VI. 1450 Nicolaus V   6, 19. III. 1447 - 24. III. 1455.

1. NICOLAUS V « *Immensa et innumerabilia* » 19 Jan. 1449 : Indictio sancti Iubilaei proximo anno MCDL.

Archivio Vaticano, Reg. Vat. 408, fol. 106r-109r.

VII. 1475 Paulus II   30. VIII, 16. IX. 1464 - 26. VII. 1471.
Sixtus IV   9, 25. VIII. 1471 - 12. VIII. 1484.

1. PAULUS II « *Ineffabilis providentia* » 19 Apr. 1470 : Reductio sanctissimi Iubilaei, sive Anni Sancti, ad annum vigesimum quintum, quo visitantes basilicas Ss. Petri et Pauli et S. Ioannis in Laterano ac S. Mariae Maioris de Urbe, plenissimam peccatorum veniam consequuntur.

BM III³ 128-130; BT V 200-203.

2. SIXTUS IV « *Quemadmodum operosi* » 29 Aug. 1473 :
Bulla confirmationis anni Iubilaei, publicata apud Sanctum Petrum in die Nativitatis Domini, in qua continetur, quod annus
Iubilaeus ad brevius tempus reductus, quam olim esset, quoniam vigesimo quinto quoque anno cunctis fidelibus, basilicas
Urbis Romanae hic expressas visitantibus, illius indulgentiae
conceduntur; et illo durante aliae ubique cessant.

Corp. Iur. Can. (ed. FRIEDBERG) II 1307-1308.

VIII. 1500 Alexander VI 11, 26. VIII. 1492 - 18. VIII. 1503.

1. ALEXANDER VI « *Consueverunt Romani Pontifices* » 12
Apr. 1498 (1499?) : Suspensio indulgentiarum propter futurum
annum Iubilaei.

J. BURCHARD, Diarium sive rerum urbanarum commentarii (1483-
1506)... ed. L. Thuasne. Paris, 1884. II 591-594.

2. ALEXANDER VI « *Inter multiplices* » 28 Mart. 1499 : Intimatio futuri Iubilaei anni centesimi, cum suspensione aliarum indulgentiarum.

Roma, Bibl. Casanatense, Incun. 1331.

3. ALEXANDER VI « *Inter curas multiplices* » 20 Dec. 1499 :
Annuntiatio sacri Iubilaei instantis anni centesimi et declaratio quid pro consequenda illius plenissima indulgentia a christifidelibus fieri debeat.

J. BURCHARD. Diarium sive rerum urbanarum commentarii (1483-
1506)... ed. L. Thuasne. Paris. 1884. II 585-588.

4. ALEXANDER VI « *Pastoris aeterni qui* » 20 Dec. 1499 :
Concessio facultatis poenitentiariis S. Petri et inhibitio ne alii
confessores praesumant absolvere praetextu facultatum quarumcumque.

J. BURCHARD, Diarium sive rerum urbanarum commentarii (1483-
1506)... ed. L. Thuasne. Paris, 1884. II 588-591.

5. ALEXANDER VI « *Sacrae religionis vestrae* » 19 Dec. 1500 :
Modum praescribit quo fratres et sorores Ordinis Praedicatorum indulgentiam Iubilaei consequi poterunt.

RIPOLL-BREMOND, Bullarium Ord. Praed. VIII (1740) 466.

IX. 1525 Clemens VII   19, 26. XI. 1523 - 25. IX. 1534.

1. CLEMENS VII « *Inter sollicitudines* » 17 Dec. 1524: Indictio universalis Iubilaei anni millesimi quingentesimi vigesimi quinti.

Archivio Vaticano, Misc. IV 1 charta 15-18.

2. CLEMENS VII « *Pastoris aeterni qui* » 23 Dec. 1524: Christifidelium ad Urbem, pro consequenda plenaria indulgentia anni Iubilaei confluentium, animarum saluti consulere volens, poenitentiaribus minoribus concedit facultatem absolvendi a casibus reservatis in Coena Domini contentis, quatuor duntaxat exceptis. Inhibetque omnibus aliis confessoribus, ne vigore cuiuscumque facultatis eis concessae, dicto anno Iubilaei durante, a dictis reservatis casibus aliquem absolvere praesumant, comminando quod in transgressores et inobedientes gravissimis poenis procedet.

Archivio Vaticano, Misc. IV 1, charta 9-14.

X. 1550 Paulus III   13. X, 3. XI. 1534 - 10. XI. 1549.
       Iulius III   7, 22. II. 1550 - 23. III. 1555.

1. IULIUS III « *Si pastores ovium* » 24 Febr. 1550: Indictio anni Iubilaei cum quarumcumque aliarum plenariarum indulgentiarum extra almam Urbem suspensione.

Archivio Vaticano, Misc. IV 1 charta 1-8.

XI. 1575 Gregorius XIII   13, 25. V. 1572 - 10. IV. 1585.

1. GREGORIUS XIII « *Alias per nos* » 1 Mai. 1574: Concessione che nessuno per tutto l'anno santo possi miniare o far qualsivoglia sorte de cartine per Agnusdei, eccetto quelle che saran fatte et sottoscritte da Proto Gacciala d'Amelia orefice a Monte Jordano, sotto pena di escommunicatione maggiore latae sententiae et cinquecento scudi.

Archivio Vaticano, Misc. IV 1 charta 23.

2. GREGORIUS XIII « *Dominus ac Redemptor* » 10 Mai. 1574: Indictio universalis Iubilaei anni millesimi quingentesimi septuagesimi quinti.

Archivio Vaticano, Misc. IV 1 charta 22; Misc. V 105 C charta 84.

3. GREGORIUS XIII « *Quoniam sancti Iubilaei* » 13 Nov. 1574: Litterae suspensionis omnium indulgentiarum plenariarum ad beneplacitum causa proximi anni Iubilaei.

Archivio Vaticano, Misc. IV 1 charta 24.

4. GREGORIUS XIII « *Salvator Dominus noster* » 30 Mart. 1575: Indulgentia sancti Iubilaei pro catholicis Anglis tum in Anglia, quam extra eam existentibus.

Roma, Bibl. Casanatense, Editti, Per. Estin. 18, 2, n. 102 (276).

5. GREGORIUS XIII « *Salvator noster Dominus Iesus Christus Dei* » 20 Jan. 1576: Extensio Iubilaei in archidioecesi Mediolanensi.

Acta Ecclesiae Mediolanensis... opera et studio Achillis RATTI... Mediolani, 1892. III 513-515.

6. GREGORIUS XIII « *Salvator noster Dominus Iesus Christus Dei* » 10 Febr. 1576: Extensio Iubilaei in dioecesi Forliensi.

Ordine et modo tenuto da Monsig. Antonio Giannotto Vescovo di Forlì in celebrare il Giubileo dell'Anno Santo et quello della peste. Raccolto da un pio Sacerdote, con alcune altre cose degne di notitia. In Cesena, appresso Bartolomeo Raverij, (1578). p. 54-55 (Roma, Bibl. Alessandrina, Misc. XIII, b, 6-12).

XII. 1600 Clemens VIII   30. I, 9. II. 1592 - 3. III. 1605.

1. CLEMENS VIII « *Annus Domini placabilis* » 19 Mai. 1599: Indictio universalis Iubilaei pro anno MDC, quo conceditur plenaria remissio peccatorum visitantibus basilicas Ss. Petri et Pauli apostolorum, ac S. Ioannis Lateranensis et beatae Mariae Maioris de Urbe.

BM V² 243-246; BT X 504-508.

2. CLEMENS VIII « *Cum sancti Iubilaei* » 21 Maii 1599: Suspensio aliarum indulgentiarum et absolvendi facultatum, durante hoc Iubilaeo.

BM V² 246; BT X 508-510.

3. CLEMENS VIII « *Tempus acceptabile* » 30 Oct. 1599: Adhortatio ad singulos archiepiscopos et episcopos ut Iubilaei causa Romam se conferant.

BM V² 270; BT X 548.

XIII. 1625 Urbanus VIII 6. VIII, 29. IX. 1623 - 29. VII. 1644.

1. URBANUS VIII « *Omnes gentes plaudite manibus* » 29 Apr. 1624 : Indictio Iubilaei universalis pro anno MDCXXV.

BM V⁵ 210-212; BT XIII 143-147.

2. URBANUS VIII « *Cum nuper Iubilaei* » 2 Maii. 1624 : Suspensio aliarum indulgentiarum hoc Anno Sancto durante.

BM V⁵ 212-213; BT XIII 147-148.

3. URBANUS VIII « *Cum nuper ob* » 31 Jul. 1624 : Declaratio, quod indulgentia Portiunculae hoc Anno Sancto non revocatur.

BM V⁵ 240; BT XIII 189-190.

4. URBANUS VIII « *Decet Romanum Pontificem indulgentiarum* » 24 Sept. 1624 : Declaratur indulgentias cruciatae regnorum Hispaniarum non comprehendi in suspensione indulgentiarum occasione Anni Iubilaei MDCXXV.

BM V⁵ 259-260; BT XIII 220-222.

5. URBANUS VIII « *Pontificia sollicitudo* » 28 Jan. 1625 : Praescribitur, quo pacto sanctimoniales, aliique impediti, indulgentias Anni Sancti lucrari possint.

BM V⁵ 298-299; BT XIII 278-279.

6. URBANUS VIII « *Paterna dominici grecis cura* » 30 Jan. 1625 : Deputatio ecclesiae S. Mariae Transtyberim loco ecclesiae S. Pauli extra Urbem, stante suspicione pestis, una cum concessione (cumulative tamen) omnium indulgentiarum, ac spiritualium gratiarum dictae ecclesiae S. Pauli concessarum pro praesenti Anno Sancto.

BM V⁵ 299-300; BT XIII 279-280.

7. URBANUS VIII « *Paterna dominici gregis cura* » 30 Jan. 1625 : Deputatio ecclesiarum S. Mariae de Populo, S. Mariae Transtyberim, ac S. Laurentii in Lucina de Urbe, loco ecclesiarum S. Sebastiani, S. Pauli et S. Laurentii extra muros, pro septem Urbis eiusdem ecclesias visitantibus.

BM V⁵ 300-301; BT XIII 280-282.

8. URBANUS VIII « *Salvator noster Dominus Iesus Christus Dei* » 4 Mart. 1625: Indultum Tiniensibus consequendi indulgentiam anni Iubilaei in ipsa Tiniensi insula.

BM V⁵ 307-308; BT XIII 292-294.

9. URBANUS VIII « *Divinae misericordiae* » 21 Apr. 1625: Indulgentia plenaria Deum precantibus pro praesentibus Ecclesiae necessitatibus.

BM V⁵ 322-324; BT XIII 315-317.

10. URBANUS VIII « *Cum Nos nuper occasione* » 29 Mai. 1625: Declarat facultates absolvendi ab haeresi et casibus Sedi apostolicae reservatis et in bulla Coenae Domini, particularibus personis, ultra montes per Sanctam Sedem, seu Sanctum Officium concessas, non comprehendi sub generali suspensione occasione Anni Sancti.

BM V⁵ 330-331; BT XIII 327-328.

11. URBANUS VIII « *Salvator noster Dominus Iesus Christus Dei* » 13 Jun. 1625: Iubilaeum pro omnibus utriusque sexus christifidelibus in civitate et dioecesi Parisiensi commorantibus, anno MDCXXVI.

BM V⁵ 333-334; BT XIII 332-334.

12. URBANUS VIII « *Pastoralis officii* » 31 Aug. 1627: Iubilaeum christifidelibus in Aethiopiae imperio commorantibus.

BM VI¹ 80; BT XIII 592-593.

XIV. 1650 Innocentius X   15. IX, 4. X. 1644 - 7. I. 1655.

1. INNOCENTIUS X « *Appropinquat dilectissimi filii* » 4 Mai. 1649: Indictio universalis Iubilaei anni sancti MDCL.

BM VI³ 192-194; BT XV 628-632.

2. INNOCENTIUS X « *Cum Nos nuper sancti* » 6 Mai. 1649: Suspensio quarumcumque indulgentiarum durante anno universalis Iubilaei MDCL.

BM VI³ 191-192; BT XV 632-634.

3. INNOCENTIUS X « *Pontificia sollicitudo* » 12 Febr. 1650: Concessio indulgentiarum praesentis anni Iubilaei pro monialibus, anachoretis, eremitis, carceratis et infirmis.

BM VI³ 208-209; BT XV 657-658.

4. INNOCENTIUS X « *Cum ob sacri Iubilaei* » 5 Jul. 1650: Declaratio quod indulgentia Portiunculae in Anno Sancto non revocatur.

BM VI³ 211; BT XV 662.

5. INNOCENTIUS X « *Salvatoris et Domini nostri* » 5 Jun. 1651: Supplicationibus Camilli Melzio, archiepiscopi Capuani, apud Ferdinandum imperatorem Austriae nuntii, concedit extensionem Iubilaei in partibus Germaniae intra limites nuntiaturae eiusdem, in quibus non adsunt catholici episcopi.

Archivio Vaticano, Arch. d. nunz. di Vienna 164 charta 115 et 126.

6. INNOCENTIUS X « *Salvator et Dominus* » 8 Jan. 1654: Iubilaeum pro provinciis Belgicis.

BM VI³ 265-266; BT XV 746-748.

7. INNOCENTIUS X « *Salvator et Dominus* » 12 Jun. 1654: Iubilaeum pro Indiis Occidentalibus.

BM VI³ 275-277; BT XV 762-764.

XV. 1675 Clemens X   29. IV, 11. V. 1670 - 22. VII. 1676.

1. CLEMENS X « *Ad favorem* » 1 Jan. 1673: Confirmatio decreti cameralis et illius ampliationis in favorem inquilinorum respectu Anni Sancti.

BM VII 207-209; BT XVIII 383-386.

2. CLEMENS X « *Ad apostolicae vocis oraculum* » 16 Apr. 1674: Indictio universalis Iubilaei anni sancti MDCLXXV.

BM VII 260-262; BT XVIII 476-480.

3. CLEMENS X « *Cum Nos nuper sancti* » 5 Mai. 1674: Suspensio quarumcumque indulgentiarum durante anno universalis Iubilaei MDCLXXV.

BM VII 262-263; BT XVIII 480-482.

4. CLEMENS X « *Cum ob sacri Iubilaei* » 24 Sept. 1674: Declaratio, quod indulgentia Portiunculae hoc Anno Sancto non revocatur.

Archivio Vaticano, Misc. V 215 charta 40.

5. CLEMENS X « *Pontificia sollicitudo* » 6 Febr. 1675: Concessio indulgentiarum anni Iubilaei pro monialibus, oblatis, puellis et mulieribus saecularibus in monasteriis degentibus, ac anachoretis, eremitis, infirmis et in carcere detentis.

BM VII 289-290; BT XVIII 529-531.

6. CLEMENS X « *Pastoris aeterni vices* » 18 Febr. 1675: Constitutio ut regularibus apostatis liceat ad suos ordines intra praefinitum terminum impune reverti.

Archivio Vaticano, Misc. V 206 charta 89.

7. CLEMENS X « *Nuper emanavit per Nos* » 15 Jun. 1675: Prorogatio constitutionis super reductione regularium apostatarum ad suos ordines.

Archivio Vaticano, Arch. d. nunz. di Vienna, Invent. Tucci « De Iubil. et Indul.» n. 29 (signatura antiqua);
Roma, Bibl. Casanatense, Editti, Per. Estin. 18, 13, n. 362.

8. CLEMENS X « *Salvator et Dominus* » 10 Jul. 1675: Extensio Iubilaei in dioecesi Viennensi.

Archivio Vaticano, Arch. d. nunz. di Vienna, Invent. Tucci « De Iubil. et Indul.» n. 30 (signatura antiqua).

XVI. 1700 Innocentius XII   12, 15. VII. 1691 - 27. IX. 1700.
Clemens XI   23, 30. XI, 8. XII. 1700 - 19.III. 1721.

1. INNOCENTIUS XII « *Regi saeculorum* » 18 Mai. 1699: Indicitur universale Iubilaeum anni sancti MDCC.

BM IX 503-506; BT XX 876-881.

2. INNOCENTIUS XII « *Cum Nos nuper sancti* » 4 Jun. 1699: Suspensio quarumcumque indulgentiarum durante anno universalis Iubilaei milesimi septingentesimi.

Archivio Vaticano, Arch. d. nunz. di Vienna, Invent. Tucci « De Iubil. et Indul.» n. 46 (signatura antiqua);

Biblioteca Vaticana, Stato Pontif., Editti 1699;
Roma, Bibl. Casanatense, Editi, Per. Estin., 18, 19, n. 385.

3. INNOCENTIUS XII « *Cum ob sacri Iubilæi* » 21 Aug.
1699: Declaratio, quod indulgentia Portiunculae hoc Anno
Sancto non revocatur.

Roma, Bibl. Casanatense, Editti, Per. Estin., 18, 19, n. 414.

4. INNOCENTIUS XII « *Pontificia sollicitudo* » 19 Jan.
1700: Concessio indulgentiarum praesentis anni Iubilaei pro monialibus, oblatis, puellis, et mulieribus saecularibus in monasteriis
degentibus, ac anachoretis, eremitis, infirmis et in carcere detentis.

Archivio Vaticano, Misc. V 259 charta 9 et 10.

5. INNOCENTIUS XII « *Pastoris aeterni vices* » 29 Mai.
1700: Constitutio ut regularibus apostatis liceat ad suos ordines
intra praefinitum terminum impune reverti.

Archivio Vaticano, Misc. V 259 charta 60;
Biblioteca Vaticana, Stato Pontif., Editti 1700.

XVII. 1725 Innocentius XIII   8, 18. V. 1721 - 7. III. 1724.
          Benedictus XIII   29. V, 4. VI. 1724 - 21. II. 1730.

1. INNOCENTIUS XIII « *In favorem* » 1 Jan. 1723: Confir-
matur decretum camerale, eiusque ampliatio pro inquilinis tempore Anni Sancti.

BM XI² 256-258; BT XXI 928-931.

2. BENEDICTUS XIII « *Redemptor et Dominus noster* » 26
Jun. 1724: Indicitur universale Iubilaeum anni sancti 1725.

BM XI² 320-322; BT XXII 53-59.

3. BENEDICTUS XIII « *Cum Nos nuper sancti* » 6 Jul. 1724:
Suspenduntur quaecumque indulgentiae, vertente anno universalis Iubilaei MDGCXXV.

BM XI² 323-324; BT XXII 59-61.

4. BENEDICTUS XIII « *Redemptor noster* » 24 Dec. 1724:
Indictio Romani Concilii.

Roma, Bibl. Casanatense, Editti, Per. Estin., 18, 28, n. 74.

5. BENEDICTUS XIII « *Pontificia sollicitudo* » 12 Jan. 1725: Conceduntur indulgentiae omnes praesentis anni Iubilaei monialibus, oblatis, puellis et mulieribus saecularibus in monasteriis degentibus, ac anachoretis, eremitis, infirmis et in carcere detentis.

BM XI² 373-374; BT XXII 122-124.

6. BENEDICTUS XIII 26 Jan. 1725: Rescritto a supplica del Procuratore Generale della Compagnia di Gesù per l'indulgenza plenaria, nonostante la sospensione giubilare, a coloro che intervengono alla Communione generale mensile, ma solo applicabile ai defunti.

Archivio Vaticano, Misc. V 109 charta 168;
Biblioteca Vaticana, Stato Pontif., Editti 1725.

7. BENEDICTUS XIII « *Decet Romanum Pontificem quarumdam* » 2 Mart. 1725: Declaratur, quasdam indulgentias in generali indulgentiarum suspensione, anno Iubilaei durante indicta, minime comprehendi, et quaedam alia indulgentia conceditur.

BM XI² 376-377; BT XXII 127-128.

8. BENEDICTUS XIII « *Pastoris aeterni vices* » 4 Apr. 1725: Constitutio ut regulares apostatae ad suos ordines impune reverti possint.

BM XI² 389-390; BT XXII 138-139.

9. BENEDICTUS XIII « *Salvatoris et Domini nostri* » 28 Apr. 1725: Conceditur christifidelibus facultas applicandi indulgentias anno Iubilaei durante suspensas, per modum suffragii animabus defunctorum.

BM XI² 397; BT XXII 151-152.

10. BENEDICTUS XIII 4 Mai. 1725: Indulget toti nationi Germano-Belgicae Ordinis Fratrum Minorum Recollect., ut in singulis eiusdem ecclesiis ab omnibus fidelibus intra Annum Sanctum 1725 pro vivis obtineri valeant indulgentiae plenariae in festis S. Antonii Paduani etc.

F. L. FERRARIS, Bibliotheca canonica iuridica moralis theologica... Romae, 1888. IV 527.

XVIII. 1750 Benedictus XIV   17, 22. VIII. 1740 - 3. V. 1758.

1. BENEDICTUS XIV « *Annus qui* » 19 Febr. 1749: De ecclesiarum cultu et nitore, de officiorum ecclesiasticorum, et mu-
sices ratione, epistola encyclica, occasione imminentis Anni Sancti, ad episcopos per ditionem ecclesiasticam constitutos scripta.

BB III 7-19; BOO XVII 16-28.

2. BENEDICTUS XIV « *Annus Iubilaei* » 3 Mart. 1749: De
praeparatione ad annum Iubilaei universalis ac praesertim de
reparandis ecclesiis Urbis; allocutio habita in consisterio secreto.

BB III 54-56; BOO XVII 102-105.

3. BENEDICTUS XIV « *Iam vobis* » 5 Mai. 1749: Pro in-
dictione Iubilaei universalis; allocutio habita in consistorio secreto.

BB III 56-57; BOO XVII 105-107.

4. BENEDICTUS XIV « *Peregrinantes a Domino* » 5 Mai.
1749: Indictio universalis Iubilaei anni sancti millesimi septin-
gesimi quinquagesimi.

BB III 58-63; BOO XVII 108-112.

5. BENEDICTUS XIV « *Cum Nos nuperi sancti* » 17 Mai.
1749: Suspensio indulgentiarum et facultatum vertente anno
universalis Iubilaei millesimo septingentesimo quinquagesimo.

BB III 63-64; BOO XVII 113-115.

6. BENEDICTUS XIV « *Apostolica constitutio* » 26 Jun.
1749: De praeparatione ad annum universalis Iubilaei, epistola
encyclica ad omnes patriarchas, archiepiscopos atque episcopos.

BB III 64-72, 236-243; BOO XVII 118-132, 420-434.

7. BENEDICTUS XIV « *Convocatis per alias* » 25 Nov. 1749:
Poenitentiariis in basilicis et ecclesiis Urbis pro anno Iubilaei
deputatis, et confessariis a cardinali Urbis vicario designandis,
facultates eodem anno exercendae conceduntur adiectis opportunis monitis et declarationibus.

BB III 72-77; BOO XVII 152-160.

8. BENEDICTUS XIV « *Essendoci sommamente a cuore* » 28 Nov. 1749: Peregrinorum et advenarum anno Iubilaei Romam adeuntium causae civiles, et criminales certis iudicibus summariae expediendae committuntur.

BB III 112-114; BOO XVII 192-195.

9. BENEDICTUS XIV « *Nemo vestrum ignorat* » 1 Dec. 1749: Portae sanctae quatuor basilicarum aperiendae denuntiantur. Ad Ostiensis, Lateranensis et Liberianae basilicae portas pontificio nomine recludendas deputantur tres cardinales legati; allocutio habita in consistorio secreto.

BB III 114-115; BOO XVII 148-151.

10. BENEDICTUS XIV « *Inter praeteritos* » 3 Dec. 1749: De quaestionibus et controversiis olim excitatis circa opera iniuncta pro Iubilaei acquisitione, et circa facultates concessas, earumque usum, quae per praecedentes constitutiones sublatae fuerunt. Epistola encyclica ad poenitentiarios et confessarios pro Anno Sancto in Urbe deputatos.

BB III 77-112; BOO XVII 160-192.

11. BENEDICTUS XIV « *Paterna caritas* » 17 Dec. 1749: Indulgentiae Iubilaei anni sancti MDCCL pro monialibus, oblatis, tertiariis etc. necnon anachoretis, eremitis, infirmis, et in carcere aut captivitate detentis conceduntur.

BB III 115-117; BOO XVII 195-198.

12. BENEDICTUS XIV « *Pastoris aeterni vices* » 12 Jan. 1750: Regulares apostatae ad suos ordines cum poenarum condonatione revocantur.

BB III 117-118; BOO XVII 199-200.

13. BENEDICTUS XIV « *In consistorio* » 7 Dec. 1750: Ad claudendas portas sanctas in exitu anni Iubilaei deputantur tres cardinales de latere legati in consistorio secreto.

BB III 118; BOO XVII 200-201.

14. BENEDICTUS XIV « *Benedictus Deus* » 25 Dec. 1750: Extensio universalis Iubilaei in Urbe celebrati anno Domini

millesimo septingentesimo quinquagesimo ad universum catholicum orbem.

BB III 119-121; BOO XVII 201-205.

15. BENEDICTUS XIV « *Celebrationem magni Iubilaei* » 1 Jan. 1751 : De Iubilaei extensione ad universum catholicum orbem epistola encyclica.

BB III 121-125; BOO XVII 231-239.

XIX. 1775 CLEMENS XIV   19, 28. V, 4. VI. 1769 - 22. IX. 1774.
　　　　　　Pius VI　　　　　　15, 22. II. 1775 - 29. VIII. 1799.

1. CLEMENS XIV « *Salutis nostrae auctor* » 30 Apr. 1774 : Indictio universalis Iubilaei anni sancti ab universo catholico orbe lucrandi.

BRC Romae IV 704-707; BRC Prati IV 716-719.

2. CLEMENS XIV - PIUS VI « *L'autore della nostra salute* » 30 Apr. 1774 : Litterae apostolicae indictionis universalis Iubilaei anni sancti a fel. rec. Clemente papa XIV promulgatae, quas SS. D. N. D. Pius papa VI iterum de more italico idiomate publicari mandavit.

Archivio Vaticano, Misc. V 155 charta 71-74;
Biblioteca Vaticana, Papi, Partic. Anni Santi, 11 charta 22-24, 25-28, 29-32.

3. CLEMENS XIV « *Cum Nos nuper sancti* » 14 Mai. 1774 : Suspensio indulgentiarum et facultatum vertente anno universalis Iubilaei MDCCLXXV.

BRC Romae IV 712-714; BRC Prati IV 724-727.

4. PIUS VI « *Ubi primum divino* » 26 Febr. 1775 : Poenitentiariis in basilicis et ecclesiis Urbis deputatis, et in Anno Sancto deputandis, confessariis a cardinali Urbis vicario designandis, facultates eodem anno exercendae conceduntur.

BRC Romae V 1-4; BRC Prati VI[1] 8-12.

5. PIUS VI « *Ad universale pertinet* » 26 Febr. 1775 : Revocatio regularium apostatarum ad suos ordines, cum condonatione poenarum.

BRC Romae V 5-6; BRC Prati VI[1] 12-13.

6. PIUS VI « *Paterna caritas* » 26 Febr. 1775 : Indulgentiae Iubilaei pro monialibus, oblatis, tertiariis, aliisque puellis, seu mulieribus in monasteriis, et religiosis, piisque communitatibus degentibus : item anachoretis, eremitis, infirmis, ac in carcere et captivitate detentis, cum opportunis facultatibus circa absolutiones et votorum commutationes.

BRC Romae V 6-10; BRC Prati VI¹ 13-17.

7. PIUS VI « *Inscrutabile* » 25 Dec. 1775 : Epistola encyclica ad patriarchas, primates, archiepiscopos et episcopos ecclesiae catholicae.

BRC Romae V 176-180; BRC Prati VI¹ 181-186.

8. PIUS VI « *Summa Dei in nos* » 25 Dec. 1775 : Extensio universalis Iubilaei in Urbe celebrati anno 1775 ad universum catholicum orbem.

BRC Romae V 180-185; BRC VI¹ 186-190.

XX. 1825 Leo XII 28. IX, 5. X. 1823 - 10. II.1829.

1. LEO XII « *Qui vertentem annum* » 24 Mai. 1824: Allocutio habita in consistorio secreto.

BRC Romae XVI 53-55; BRC Prati VIII 62-64.

2. LEO XII « *Quod hoc ineunte* » 24 Mai. 1824: Indictio universalis Iubilaei anni sancti millesimi octingentesimi vigesimi quinti.

BRC Romae XVI 55-58; BRC Prati VIII 64-68.

3. LEO XII « *Cum primum* » 31 Mai. 1824: Indictio visitae apostolicae omnium ecclesiarum et locorum piorum almae Urbis.

BRC Romae XVI 61-62; BRC Prati VIII 70-72.

4. LEO XII « *Cum Nos nuper sancti* » 29 Jun. 1824: Suspensio indulgentiarum et facultatum vertente anno universalis Iubilaei millesimo octingentesimo vigesimo quinto.

BRC Romae XVI 75-77; BRC Prati VIII 84-86.

5. Leo XII « *Annum auspicatissimum* » 21 Oct. 1824 : Ampliatio facultatum concessarum poenitentiariis et confessariis Urbis tempore Iubilaei.

BRC Romae XVI 273-278; BRC Prati VIII 252-257.

6. Leo XII « *Pastoris aeterni vices* » 18 Dec. 1824 : Litterae apostolicae quibus regulares apostatae ad suos ordines cum poenarum condonatione revocantur.

BRC Romae XVI 289-290; BRC Prati VIII 268-269.

7. Leo XII « *Studium paternae caritatis* » 18 Dec. 1824 : Litterae apostolicae quibus indulgentiae Iubilaei pro monialibus, tertiariis, aliisque in monasteriis piisve domibus degentibus, item pro anachoretis, infirmis, captivis conceduntur.

BRC Romae XVI 290-293; BRC Prati VIII 269-273.

8. Leo XII « *Essendoci sommamente a cuore* » 20 Dec. 1824 : Motu Proprio ... In cui si provede alla sollecita spedizione delle cause si civile, che criminali delli pellegrini, ospiti e forastieri, che verranno in Roma per il prossimo Anno Santo.

BRC Romae XVI 293-295; BRC Prati VIII 273-275.

9. Leo XII « *Lapso hominum generi* » 14 Jun. 1825 : Litterae breves pro sacrosancta basilica sanctae Mariae Trans Tyberim omniumque Anni Sacri indulgentiarum concessione semel ibidem adeuntibus B. Mariae Virginis imaginem cui ab humilitate nomen est.

Archivio Vaticano, Misc. V 306 n. 131.

10. Leo XII « *Per dilectum Filium* » 29 Jun. 1825 : Extensio indulgentiarum Iubilaei regi christianissimo promittitur ad universum catholicum gregem consequendarum, quo die in Urbe indulgentia finem habebit.

BRC Romae XVI 330; BRC Prati VIII 312-313.

11. Leo XII « *Aeterna animarum salus* » 1 Jul. 1825 : Concessio indulgentiarum sub forma Iubilaei assequendarum a militibus copiarum imperatoris Austriae occasione transitus earum per Urbem, ut Austriam repetant.

BRC Romae XVI 331; BRC Prati VIII 313.

12. LEO XII « *Magnum sane* » 26 Aug. 1825 : Ampliatio indulgentiarum assequendarum ab illis subiectis Austriae imperatori, Hungariae, Bohemiae, ac regni Longobardo-Veneti regi, qui durante Iubilaeo anni millesimi octingentesimi vigesimi quinti Romam petere non possent.

BRC Romae XVI 342-343; BRC Prati VIII 325.

13. LEO XII « *Nihil magis* » 6 Sept. 1825 : Ampliatio indulgentiarum assequendarum occasione Iubilaei generalis ab eis ex regno Sardiniae, qui Romam petere non possent.

BRC Romae XVI 355; BRC Prati VIII 338-339.

14. LEO XII « *Opus religionis* » 11 Sept. 1825 : Indulgentiae assequendae occasione Iubilaei universalis extenduntur ad subditos regis Hispaniarum, qui Romam petere non possent.

BRC Romae XVI 355-356; BRC Prati VIII 339.

15. LEO XII « *Gratissima Nobis* » 12 Sept. 1825 : Ampliatio Iubilaei ad subditos ducis Magnae Etruriae, qui anno millesimo octingentesimo vigesimo quinto Romam petere non possent.

BRC Romae XVI 356-357; BRC Prati VIII 339-340.

16. LEO XII « *Saluti animarum* » 17 Sept. 1825 : Ampliatio Iubilaei ad subditos archiducissae Austriae, qui Romam petere impediuntur anno millesimo octingentesimo vigesimo quinto.

BRC Romae XVI 357; BRC Prati VIII 340.

17. LEO XII « *Caritate Christi urgente Nos* » 25 Dec. 1825 : Extensio Iubilaei ad universum catholicum gregem.

BRC Romae XVI 366-372; BRC Prati VIII 350-357; PA I VI 361-380.

18. LEO XII « *Exultabat spiritus noster* » 25 Dec. 1825 : Extensio universalis Iubilaei in Urbe celebrati A. D. millesimo octingentesimo vigesimo quinto ad universum catholicum orbem.

BRC Romae XVI 373-378; BRC Prati VIII 357-364.

19. Leo XII « *Supremi apostolici ministerii* » 14 Febr.
1826 : Concessio indulgentiae plenariae assequendae a serenis-
simo rege duarum Siciliarum, eius uxore et tota regia familia,
aulaeque regiae addictis occasione extensionis ad universum catholicum orbem generalis Iubilaei.

BRC Romae XVI 400-401; BRC Prati VIII 386-387.

20. Leo XII « *Maxime salutarem* » 18 Jul. 1826 : Prorogatio indulgentiarum Anni Sacri pro regno utriusque Siciliae.

BRC Romae XVI 466-467; BRC Prati VIII 455-457.

XX A. 1850 Pius IX 16, 21. VI. 1846 - 7. II. 1878.

1. Pius IX « *Exultavit cor cor nostrum* » 21 Nov. 1851 : Re-
cordatur Iubilaeum anni praecedentis et concedit alterum.

PA I I 342-347.

2. Pius IX « *Ex aliis nostris* » 21 Nov. 1851 : Concedit
opportunas facultates pro novo Iubilaeo.

PA I I 348-352.

XXI. 1875 Pius IX 16, 21. VI. 1846 - 7. II. 1878.

1. Pius IX « *Gravibus Ecclesiae* » 24 Dec. 1874 : Indictio universalis Iubilaei anni sancti MDCCCLXXV.

PA I VI 347-360, 361-380.

2. Pius IX « *Cum in pluribus* » 24 Jan. 1875 : Indultum
pro Iubilaeo favore fidelium in missionum locis commoran-
tium (S. Congregatio de Propaganda Fide cum declaratione
S. Paenitentiariae).

PA I VII 1-2.

XXII. 1900 Leo XIII 20. II, 3. III. 1878 - 20. VII. 1903.

1. Leo XIII « *Properante ad exitum saeculo* » 11 Mai.
1899 : Indictio universalis Iubilaei anni sancti millesimi noningentesimi.

LA XIX 62-70.

2. Leo XIII « *Annum sacrum* » 25 Mai. 1899 : Litterae encyclicae de hominibus sacratissimo Cordi Jesu devovendis.

LA XIX 71-80.

3. Leo XIII « *Quod Pontificum Maximorum* » 30 Sept. 1899 : De suspensione indulgentiarum et facultatum vertente anno universalis Iubilaei millesimo noningentesimo.

LA XIX 202-206.

4. Leo XIII « *Quoniam divinae bonitatis munere* » 21 Oct. 1899 : Poenitentiariis in basilicis et ecclesiis Urbis per cardinalem maiorem poenitentiarium deputatis et confessariis a cardinali Urbis vicario designandis facultates pro anno Iubilaei conceduntur.

LA XIX 212-226.

5. Leo XIII 23 Oct. 1899 : Sermo ad Anglos.

LA XIX 275-276.

6. Leo XIII « *Quae datis ad Nos litteris* » 31 Oct. 1899 : Epistola archiepiscopis et episcopis Salernitanae et Lucanae regionis.

LA XIX 227-229.

7. Leo XIII « *Aeterni Pastoris* » 1 Nov. 1899 : Indulgentiae Iubilaei anni MDCCCC conceduntur monialibus, oblatis, tertiariis aliisque sive puellis sive mulieribus in monasteriis piisve communitatibus degentibus ; eremitis, infirmis, carcere aut captivitate detentis cum opportunis facultatibus circa absolutiones et votorum commutationes.

LA XIX 230-237.

8. Leo XIII « *Auspicandae celebritatis* » 14 Dec. 1899 : Allocutio habita in consistorio.

La XIX 258-262.

9. Leo XIII « *Romanorum Pontificum* » 3 Jan. 1900 : Litterae apostolicae quibus indulgentiae omnes sanctuario Lauretano concessae non suspenduntur durante anno sacri Iubilaei.

LA XX 4-5.

10. Leo XIII 5 Jan. 1900: Sermo ad sodales Societatis Opi-ficum Ioachimianae in Urbe.

LA XX 363-364.

11. Leo XIII 2 Mart. 1900: Sermo ad S. R. E. Cardinales.

LA XX 365-367.

12. Leo XIII « *Tametsi futura prospicientibus* » 1 Nov. 1900: Epistola encyclica de Iesu Christo Redemptore.

LA XX 294-314.

13. Leo XIII « *Prope iam exegimus* » 17 Dec. 1900: Allocutio habita in consistorio.

LA XX 331-334.

14. Leo XIII « *Temporis quidem sacri* » 25 Dec. 1900: De extensione universalis Iubilaei in Urbe celebrati ad universum catholicum orbem.

LA XX 352-361.

XXIII. 1925 Pius XI   6, 12. II. 1922 - 10. II. 1939.

1. Pius XI « *Ubi arcano Dei* » 23 Dec. 1922: Litterae encyclicae de pace Christi in regno Christi quaerenda.

AAS 14 (1922) 673-700.

2. Pius XI « *Fidei propagandae* » 24 Apr. 1923: Ad E.mum P. D. Gulielmum titulo Sanctae Crucis in Jerusalem S. R. E. Presb. Card. van Rossum, sacrae Congregationis de Propaganda Fide praefectum: de expositione missionaria in Urbe Anno Sancto MCMXXV habenda.

AAS 15 (1923) 222-223.

3. Pius XI « *Gratum Nobis est* » 23 Mai. 1923: Allocutio habita in consistorio secreto.

AAS 15 (1923) 245-253.

4. Pius XI 1 Mart. 1924: Discorso al Comitato Centrale per l'Anno Santo.

Cronistoria dell'Anno Santo 1925. p. 817-818.

5. Pius XI « *Amplissimum consessum* » 24 Mart. 1924: Allocutio habita in consistorio secreto.

AAS 16 (1924) 128.

6. Pius XI « *Infinita Dei misericordia* » 29 Mai. 1924: Indictio universalis Iubilaei anni sancti millesimi nongentesimi vicesimi quinti.

AAS 16 (1924) 209-215.

7. Pius XI « *Ex quo primum* » 5 Jul. 1924: Suspenduntur indulgentiae et facultates vertente anno universalis Iubilaei MDCCCCXXV.

AAS 16 (1924) 305-308.

8. Pius XI « *Si unquam* » 15 Jul. 1924: Poenitentiariis aliisque in Urbe confessariis facultates extraordinariae pro anno Iubilaei conceduntur.

AAS 16 (1924) 309-316.

9. Pius XI « *Apostolico muneri* » 30 Jul. 1924: Indulgentiae anni Iubilaei MDCCCCXXV conceduntur monialibus aliisque stabili impedimento detentis cum opportunis facultatibus circa absolutiones et votorum commutationes.

AAS 16 (1924) 316-320.

10. Pius XI « *Nostis qua* » 18 Dec. 1924: Allocutio habita in consistorio secreto.

AAS 16 (1924) 496-497.

11. Pius XI « *E' con cuore pieno* » 21 Dec. 1924: Discorso per l'inaugurazione dell'esposizione missionaria.

Cronistoria dell'Anno Santo 1925. p. 840-843.

12. Pius XI « *Si frequentia* » 30 Mart. 1925: Allocutio habita in consistorio secreto.

AAS 17 (1925) 121-122.

13. Pius XI « *Iam annus* » 14 Dec. 1925: Allocutio habita in consistorio secreto.

AAS 17 (1925) 633-647.

14. Pius XI « *Servatoris Iesu Christi* » 25 Dec. 1925 : Universale Iubilaeum anno Domini millesimo nongentesimo vicesimo quinto in Urbe celebratum ad totum catholicum orbem extenditur.

AAS 17 (1925) 611-618.

XXIV. 1933 Pius XI   6, 12. II. 1922 - 10. II. 1939.

1. Pius XI « *Quod nuper* » 6 Jan. 1933 : Indictio Anni Sancti extra ordinem ac generalis maximique Iubilaei undevicesimo exeunte saeculo a peracta humani generis redemptione.

AAS 25 (1933) 5-10.

2. Pius XI « *Nullo non tempore* » 30 Jan. 1933 : Indulgentiae et facultates suspenduntur vertente anno generalis maximique Iubilaei a die II mensis Aprilis A. MDCCCCXXXIII ad diem usque II mensis Aprilis A. MDCCCCXXXIV.

AAS 25 (1933) 10-13.

3. Pius XI « *Indicto a Nobis* » 30 Jan. 1933 : Paenitentiariis aliisque in Urbe confessariis extraordinariae conceduntur facultates anno vertente generalis maximique Iubilaei a die II mensis Aprilis A. MDCCCCXXXIII ad diem usque II mensis Aprilis A. MDCCCCXXXIV.

AAS 25 (1933) 14-19.

4. Pius XI « *Qui umbratilem* » 30 Jan. 1933 : Indulgentiae Anni Sancti MDCCCCXXXIII-MDCCCGXXXIV conceduntur monialibus aliisque stabili impedimento detentis cum opportunis facultatibus circa absolutiones et votorum commutationes.

AAS 25 (1933) 10-22.

5. Pius XI « *Iterum vos* » 13 Mart. 1933 : Allocutio habita in consistorio secreto.

AAS 25 (1933) 117-118.

6. Pius XI « *Auspicato* » 16 Oct. 1933 : Allocutio habita in consistorio secreto.

AAS 25 (1933) 449-450.

7. PIUS XI «*Cum piacularis*» 5 Mart. 1934: Allocutio habita in consistorio secreto.

AAS 26 (1934) 154-156.

8. PIUS XI «*Quod superiore anno*» 2 Apr. 1934: Universale extra ordinem Iubilaeum annis MDCCCCXXXIII-MDCCCCXXXIV Romae celebratum ad totum catholicum orbem extenditur.

AAS 26 (1934) 137-148.

XXV. 1950 Pius XII 2, 12. III. 1939.

1. PIUS XII «*Per la decima volta*» 2 Jun. 1948: Allocutio ad Emos PP. DD. cardinales, in festo S. Eugenii I Pp., Beatissimo Patri fausta ominantes.

AAS 40 (1948) 253-254.

2. PIUS XII 28 Jun. 1948: Comitatus centralis pro Anno Sancto celebrando constituitur (Biglietti della Segreteria di Stato).

AAS 40 (1948) 303-304.

3. PIUS XII 12 Jul. 1948: Intentiones Anni Sancti MCML.

Bollettino ufficiale del comitato centrale Anno Santo MCML 1 (1949) no. 1 p. 7.

4. PIUS XII «*Il santo tempo*» 23 Mart. 1949: Hortatio ad parochos Urbis et concionatores sacri temporis Quadragesimalis.

AAS 41 (1949) 182-187.

5. PIUS XII: Oratio pro Anno Sacro Iubilaei MCML.

AAS 41 (1949) 187-188.

6. PIUS XII «*Iubilaeum maximum*» 26 Mai. 1949: Indictio universalis Iubilaei anni sancti millesimi nongentesimi quinquagesimi.

AAS 41 (1949) 257-261.

TEXTUS

I 1. BONIFACIUS VIII « Antiquorum habet » 22 Febr.
1300 : *Institutio sanctissimi Iubilaei, plenariaeque peccatorum remissionis pro quolibet centesimo anno basilicas Ss. Petri et Pauli apostolorum de Urbe visitantibus.*

Bonifacius episcopus servus servorum Dei, ad perpetuam rei memoriam.

a) *Visitantibus basilicam S. Petri de Urbe indulgentiae* — Antiquorum habet fida relatio, quod accedentibus ad honorabilem basilicam Principis apostolorum de Urbe, concessae sunt magnae remissiones et indulgentiae peccatorum.

b) *Innovatio indulgentiarum* — Nos igitur qui, iuxta officii nostri debitum, salutem appetimus et procuramus libentius singulorum, huiusmodi remissiones et indulgentias omnes et singulas ratas et gratas habentes, ipsas auctoritate apostolica confirmamus et approbamus, et etiam innovamus, et praesentis scripti patrocinio communimus.

c) *Iubilaeum pro quolibet centesimo anno* — Ut autem beatissimi Petrus et Paulus apostoli eo amplius honorentur, quo ipsorum basilicae de Urbe devotius fuerint a fidelibus frequentatae, et fideles ipsi spiritualium largitione munerum, ex huiusmodi frequentatione magis senserint se refertos, Nos de omnipotentis Dei misericordia, et eorumdem apostolorum eius meritis et auctoritate confisi, de fratrum nostrorum consilio et apostolicae plenitudine potestatis, omnibus in praesenti anno millesimo trecentesimo, a festo Nativitatis Domini nostri Jesu Christi praeterito proxime inchoato, et in quolibet anno centesimo secuturo, ad basilicas ipsas accedentibus reverenter, vere poenitentibus et confessis, vel qui vere poenitebunt et confite-

buntur, in huiusmodi praesenti et quolibet centesimo secuturo
annis, non solum plenam et largiorem, immo plenissimam omnium suorum concedemus et concedimus veniam peccatorum.

d) *Quoties apostolorum visitanda basilica* — Statuentes, ut qui voluerint huiusmodi indulgentiae a Nobis concessae
fieri participes, si fuerint Romani, ad minus triginta diebus
continuis, seu interpolatis, et saltem semel in die : si vero peregrini fuerint aut forenses, simili modo diebus quindecim ad
basilicas easdem accedant. Unusquisque tamen plus merebitur,
et indulgentiam efficacius consequetur, qui basilicas ipsas amplius et devotius frequentabit.

Nulli ergo etc. Si quis etc.

Datum Romae, apud Sanctum Petrum, VIII Kalendas Martii, pontificatus nostri anno VI.

I 2. BONIFACIUS VIII « NUPER PER ALIAS » 22 FEBR. 1300 :
*Rebelles Ecclesiae excluduntur a beneficio indulgen-
tiae centesimi seu Iubilaei.*

Bonifacius episcopus servus servorum Dei, ad perpetuam
rei memoriam.

a) *Innovatio indulgentiarum* — Nuper per alias nostras
litteras omnes remissiones et indulgentias peccatorum concessas accedentibus ad honorabilem basilicam Principis apostolorum de Urbe ratificandas et approbandas duximus et etiam
innovandas.

b) *Iubilaeum pro quolibet centesimo anno* (vide : I 1 c).

c) *Exclusio rebellum a beneficio indulgentiae* — Verum
quia multi indulgentiarum huiusmodi gratia se reddunt indi-
gnos, declaramus expresse ac dicimus manifeste, quod illos fal-
sos et impios christianos, qui portaverunt vel portabunt merces
seu res prohibitas Saracenis, vel ad terras eorum reportave-
runt vel reportabunt ab eis necnon Fredericum natum Con-
dam Petri olim regis Aragonum ac Siculos Nobis et Ecclesiae
Romanae hostes insuper Columnenses damnatos per Nos nostros
et apostolicae Sedis rebelles, et qui receptabunt Columnenses
eosdem et generaliter omnes et singulos publicos hostes et re-

belles praesentes et futuros Ecclesiae memoratae et impugna-
tores ipsius et qui dabunt scienter supradictis vel eorum alicui
seu aliquibus auxilium, consilium vel favorem publice vel oc-
culte, dum in sua malitia perstiterint nec ad dictae Sedis man-
data redire curaverint indulgentiarum huiusmodi, cum non sint
capaces, nolumus esse participes ipsosque penitus excludimus
ab eisdem.

Nulli ergo etc. Si quis etc.

Datum Romae, apud Sanctum Petrum, VIII Kalendas Martii, pontificatus nostri anno VI.

I 3. BONIFACIUS VIII « AD HONOREM DEI » 25 DEC. 1300:
*Forma gratiae non bullatae, quam concessit peregri-
nis in die Natalis Domini in fine videlicet centesimi
qui fuit millesimus trecesimus.*

Ad honorem Dei et beatorum apostolorum Petri et Pauli,
attendens dominus noster dominus Bonifacius papa octavus devotionem quam vidit in populo christiano, fervorem fidei, viarum taedia, personarum labores et onera expensarum, vult idem
dominus noster, quod omnes forenses qui hodie sunt in Urbe,
licet non compleverint indulgentiam, ut laeti revertantur ad pro-
pria, plenam indulgentiam consequantur.

Item placet ipsi domino nostro Summo Pontifici et vult,
quod omnes illi qui venerunt ad indulgentiam concessam per
eum et mortui sunt in via vel in Urbe, numero dierum taxato
in ipsa indulgentia nondum decurso, plenam indulgentiam consequantur.

Item vult idem dominus noster Summus Pontifex, quod
omnes illi qui arripuerunt iter ad istam indulgentiam animo com-
plendi, eam et iusto impedimento impediti, vel non pervene-
runt vel pervenientes non compleverunt, eamdem plenam indulgentiam consequantur.

Item quia annus iste Iubilaeus finitur hodie, volens idem dominus noster velut pius pater providere saluti animarum omnibus illis qui sunt vere confessi secundum formam indulgentiae suae et non satisfecerunt de alieno infra annum nec pos-

sunt commode satisfacere propter temporis brevitatem, prorogat terminum ad satisfaciendum, dumtaxat usque ad festum Resurrectionis Dominicae proxime venturum.

Declarat insuper idem dominus noster Summus Pontifex, quod annus iste Iubilaeus trecentesimus hodie sit finitus nec extendatur ad annum Incarnationis secundum quosdam sed ad annos Domini secundum ritum Romanae Ecclesiae.

II 1. CLEMENS VI « Unigenitus Dei Filius » 27 Jan.
1343 : *Annus Iubilaeus sive plenaria remissio, quae olim dabatur quolibet centesimo anno omnibus vere poenitentibus et confessis, visitantibus basilicas beatorum Petri et Pauli, ad annum quinquagesimum reducitur.*

Clemens VI archiepiscopo Tarraconensi eiusque suffraganeis.

a) *De Christo Redemptore* — Unigenitus Dei Filius de sinu Patris in uterum dignatus est descendere matris, in qua et ex qua nostrae mortalitatis substantiam divinitati suae, in suppositi unitate, ineffabili unione coniunxit, id, quod fuit permanens et quod non erat, assumens, ut haberet, unde hominem lapsum redimeret, et pro eo satisfaceret Deo Patri. Ubi enim venit plenitudo temporis : misit Deus filium suum, factum sub lege, natum ex muliere, ut eos, qui sub lege erant, redimeret, ut adoptionem reciperent filiorum. Ipse namque factus nobis a Deo sapientia, iustitia, sanctificatio et redemptio, non per sanguinem hircorum aut vitulorum, sed per proprium sanguinem introivit semel in sancta, aeterna redemptione inventa. Non enim corruptibilibus auro et argento, sed sui ipsius Agni incontaminati et immaculati pretioso sanguine nos redemit, quem in ara crucis pro nobis innocens immolatus non guttam sanguinis modicam, quae tamen propter unionem ad Verbum pro redemptione totius humani generis suffecisset, sed copiose velut quoddam profluvium noscitur effudisse ita, ut a planta pedis usque ad verticem capitis nulla sanitas inveniretur in ipso.

b) *De remissione poenarum in Ecclesia Christi* — Quantum ergo exinde, ut nec supervacua, inanis aut superflua tantae

effusionis miseratio redderetur, thesaurum militanti Ecclesiae
acquisivit, volens suis thesaurizare filiis pius Pater, ut sic sit
infinitus thesaurus hominibus, quo qui usi sunt Dei amicitiae
participes sunt effecti. Quem quidem thesaurum non in sudario
repositum, non in agro absconditum, sed per beatum Petrum
coeli clavigerum, eiusque successores suos in terris vicarios,
commisit fidelibus salubriter dispensandum, et propriis et rationabilibus causis, nunc pro totali, nunc pro partiali remissione poenae temporalibus pro peccatis debitae, tam generaliter
quam specialiter, (prout cum Deo expedire cognoscerent,) vere
poenitentibus et confessis misericorditer applicandum. Ad cuius
quidem thesauri cumulum beatae Dei genitricis omniumque elec-
torum a primo iusto usque ad ultimum merita adminiculum
praestare noscuntur, de cuius consumptione seu minutione non
est aliquatenus formidandum, tam propter infinita Christi (ut
praedictum est) merita, quam pro eo, quod, quanto plures ex
eius applicatione trahuntur ad iustitiam, tanto magis accrescit
ipsorum cumulus meritorum.

    c) *De anno Iubilaeo a Bonifacio VIII instituto* — Quod
felicis recordationis BONIFACIUS papa VIII praedecessor noster, pie (sicut indubie credimus) considerans, et attenta medi-
tatione revolvens, quantum apud homines gloriosi Principes terrae Petrus et Paulus, (per quos evangelium Christi Romae res-
plenduit, et per quos Ecclesia religionis sumpsit exordium, qui
facti christiani populi per evangelium genitores, gregis dominici pastores, fidei lucernae, ecclesiarum columnae, prae ceteris apostolis peculiari quadam praerogativa in ipso Salvatore
fidei virtute praecellunt, quorum uni, scilicet apostolorum Principi, sicut bono dispensatori claves regni coelorum commisit,
alteri, tanquam idoneo doctori, magisterium ecclesiasticae eru-
ditionis iniunxit,) in speciali veneratione haberi debeant, et debita honorificentia venerari, pro ipsorum memoria recolenda
crebrius, et reverentia a cunctis christifidelibus eis devotius
adhibenda, ipsorumque patrocinio favorabilius assequendo, in-
consumptibilem thesaurum huiusmodi pro excitanda et remu-
neranda devotione fidelium voluit aperire, decernens de fratrum
suorum consilio, ut omnes, qui in anno a Nativitate Domini
MCCC et quolibet anno centesimo extunc secuturo ad dictorum

apostolorum basilicas de Urbe accederent reverenter, ipsasque, si Romani, ad minus XXX, si vero peregrini aut forenses fuerint, quindecim diebus continuis vel interpolatis, saltem semel in die, dum tamen vere poenitentes et confessi exsisterent, personaliter visitarent, suorum omnium obtinerent plenissimam veniam peccatorum.

d) *De reductione anni Iubilaei ad annum quinquagesimum* — Nos autem, attendentes, quod annus quinquagesimus in lege Mosaica, (quam non venit Dominus solvere, sed spiritualiter adimplere), Iubilaeus remissionis et gaudii, sacerque dierum numerus, quo lege fit remissio, censebatur, quodque ipse quinquagenarius numerus in testamentis, veteri quidem ex legis datione, novo ex visibili Spiritus Sancti in discipulos missione, per quem datur peccatorum remissio, singulariter honoratur, quodque huic plura et grandia divinarum adaptantur mysteria scripturarum, et clamorem peculiaris populi nostri Romani, videlicet hoc humiliter supplicantis, ac Nos ad instar Moysi et Aaron per proprios et solemnes nuntios ad hoc destinatos specialiter orantis pro toto christiano populo, et dicentis : « Domine, aperi eis thesaurum tuum, fontem aquae vivae », desiderantes benignius exaudire, non quidem ut sicut illius Israelitici populi indurati cesset murmuratio, sed ut istius praedilecti populi et cunctorum fidelium augeatur devotio, fides splendeat, spes vigeat, caritas vehementius incalescat, volentesque quam plurimos huiusmodi indulgentiae fore participes, cum pauci multorum respectu propter vitae hominum brevitatem valeant ad annum centesimum pervenire, de fratrum nostrorum consilio praedictam concessionem indulgentiae ex supra scriptis et aliis iustis causis ad annum quinquagesimum duximus reducendam, statuentes de fratrum consilio praedictorum et apostolicae plenitudine potestatis, ut universi fideles, qui vere poenitentes et confessi in anno Nativitate eiusdem MCCCL proxime futuro, et deinceps perpetuis futuris temporibus de quinquaginta in quinquaginta annis praedictas eorundem Petri et Pauli apostolorum basilicas et Lateranensem ecclesiam, (quam inclitae recordationis Constantinus, postquam per beatum Silvestrum, sicut per eosdem apostolos Deo revelante cognovit, renatus fonte baptismatis fuerat, et a contagio leprae mundatus, in honorem Sal-

vatoris construxisse, quamque idem beatus Silvester novo sanctificationis et chrismationis genere dedicasse legitur, et in cuius
ecclesiae parietibus praefati Salvatoris imago depicta primum
toti populo Romano visibiliter apparuit, devotius veneranda,
quam ex his et aliis certis et rationabilibus causis, ut ipsa ecclesia pariter indulgentiae praedictae privilegio decoretur, et de-
votus ab eodem Salvatore, qui in praefatis apostolis mirabilis
praedicatur, eorum meritis et precibus indulgentiae mereatur
percipere largitatem, in hoc censuimus venerandam,) causa devotionis modo praedicto visitaverint, plenissimam omnium peccatorum suorum veniam consequantur, ita videlicet, ut, qui-
cunque voluerint indulgentiam huiusmodi assequi, si Romani,
ad minus XXX continuis vel interpolatis saltem semel in die,
si vero peregrini aut forenses, modo simili XV diebus ad praedictas basilicas et ecclesiam accedere teneantur, adiicientes, ut
ii etiam, qui pro ea consequenda ad easdem basilicas et ecclesiam accedent, post iter arreptum impediti legitime, quo minus ad Urbem illo anno valeant pervenire, aut in via, vel, dierum praetaxato numero non completo, in dicta Urbe decesserint, vere poenitentes (ut praemittitur) et confessi, eandem indulgentiam consequantur.

Omnes nihilominus et singulas indulgentias, per Nos vel
praedecessores nostros Romanos Pontifices tam praenominatis,
quam aliis basilicis et ecclesiis de dicta Urbe concessas, ratas
et gratas habentes, ipsas auctoritate apostolica confirmamus et
approbamus, ac etiam innovamus et praesentis scripti patrocinio communimus.

Nulli ergo etc. Si quis etc.

Datum Avinione, VI Kalendas Februarii, pontificatus nostri anno I.

III 1. GREGORIUS XI « SALVATOR NOSTER DOMINUS IESUS
       CHRISTUS HUMANAM » 29 APR. 1373: *Statuit anno*
       Iubilaei etiam visitari ecclesiam beatae Mariae Maioris
       de Urbe.

Gregorius episcopus servus servorum Dei, ad perpetuam
rei memoriam.

a) *Laus beatae Mariae Virginis* — Salvator noster Dominus Iesus Christus, humanam creaturam divinae imagini et similitudini figuratam misericordi pietate respiciens, et collapsam fore protoplasti lapsu considerans, illam miró decrevit consilio relevandam. Volens sub forma servi carnem nostrae mortalitatis assumere, ut mortem nostram moriendo destrueret, ac damnationis sententiam, quam incurrisse per reatum hominis humani generis posterioritas videbatur, clemens Hominis Incarnati bonitas aboleret, elegit sanctam et immaculatam ex clara stirpe reginamque Virginem, in cuius utero mystico spiramine veram carnem susciperet, ut egrederetur iuxta verbum prophetarum virga de radice Jesse et flos de radice eius ascenderet et requiesceret Spiritus Domini super eam; profecto reginam in matrem eligens, quae tanto Regi dignum meruit habitaculum praeparare, hoc est enim Virgo venustissima et omnibus virtutum floribus insignita, cuius precibus iuvatur populus christianus et quae Redemptorem nostrum ineffabili Spiritus Sancti cooperatione produxit, ob cuius reverentiam Virginis loca eius vocabulo insignita sunt a christifidelibus veneranda, ut ipsius piis adiuti suffragiis aeternae retributionis praemia consequi mereantur.

b) *Clemens VI ad annum quinquagesimum Iubilaeum reduxit* — Hanc dudum felicis recordationis CLEMENS papa VI, praedecessor noster, de fratrum suorum consilio et apostolicae potestatis plenitudine, indulgentiam quam felicis recordationis BONIFACIUS papa VIII, praedecessor noster, omnibus vere poenitentibus et confessis, qui beatorum Petri et Pauli apostolorum basilicas de Urbe in anno a Nativitate Domini millesimo trecentesimo et ex tunc quolibet anno centesimo secuturo recto modo visitarent, concessit, ad annum quinquagesimum duxit reducendam, statuens quod, quicumque vellet indulgentiam huiusmodi assequi, basilicas praedictas ac Lateranensem ecclesiam in anno Nativitatis eiusdem Domini millesimo trecentesimo quinquagesimo ex tunc proxime secuturo et etiam ex tunc de quinquaginta in quinquaginta annis recto modo visitare deberent prout in litteris eiusdem Clementis, praedecessoris, super hoc confectis plenius continetur.

c) *Statuit etiam visitari ecclesiam beatae Mariae Maioris de Urbe* — Considerantes igitur et intra nostrae mentis arcana revolventes, qualiter gloriosus Deus in sanctis suis et in maiestate sua mirabilis, opera manuum suarum mirificans, olim miro disposuit ordine ecclesiam beatae Mariae Maioris de Urbe fundari ac construi et subsequenter etiam dedicari, et qualiter etiam ipse omnipotens Deus in ecclesia ipsa omni veneratione colenda ob intercessionem eiusdem beatae Virginis, ut pie creditur, multa operatur miracula et ideo ex aliis certis et rationabilibus causis cupientes, ut dicta ecclesia beate Mariae Maioris pariter cum eisdem basilicis ac ecclesia Lateranensi praefatae indulgentiae privilegio decoretur, auctoritate apostolica et ex certa nostra scientia volumus, statuimus ac etiam ordinamus, quod quicumque christifideles, qui huiusmodi indulgentiam praefatis litteris eiusdem CLEMENTIS, praedecessoris nostri, declaratam assequi voluerint, praefatam ecclesiam beatae Mariae Maioris sicuti et basilicas ac ecclesiam Lateranensem praedictas visitare debeant et etiam teneantur.

Nulli ergo etc. Si quis etc.

Datum Avinione, III Kalendas Maii, pontificatus nostri anno III.

III 2. URBANUS VI « SALVATOR NOSTER UNIGENITUS » 8 APR. 1389: *Iubilaeum celebrari praecipit quolibet anno trigesimo tertio* (habetur tantum pars essentialis).

Salvator noster Unigenitus Dei Filius... Nos considerantes, quod aetas hominum amplius solito in dies labitur pauciores, et desiderantes quam plurimos participes fieri indulgentiae memoratae; cum plurimi ad annum quinquagesimum propter hominum vitae brevitatem non perveniant; et ut cunctorum populorum augeatur devotio, fides splendeat, spes vigeat, caritas vehementius incalescat: ac intendentes, quod anno trigesimo tertio Salvatoris Domini nostri Iesu Christi, ipse Salvator noster pro nobis aeterno Patri Adae debitum solvit, et veteris piaculi coinquinationem proprio sanguine detersit, destructis-

que mortis vinculis victor ab inferis resurrexit : et per quadra-
ginta dies per multa argumenta suis apparens discipulis, viden-
tibus illis ascendit in coelum, ac demum dona charismatum per
immissionem Sancti Spiritus in filios adoptionis effudit ; et quod
in mysterio huiusmodi trigintatrium annorum, qui fuerunt totum tempus vitae ipsius nostri Salvatoris, quibus conversatus
in mundo miro clausit ordine sui moras incolatus, plurima etiam
alia, et grandia divinarum Scripturarum mysteria adaptari possunt : et ut magis ipsius Salvatoris, et eorum, quae pro humana
salute gessit, ac verbis docuit, et exemplis, fidelibus sit in memoria, de fratrum nostrorum consilio, ex supradictis, et aliis
iustis causis ad annum trigesimum tertium reducimus ... statuentes, ut universi christifideles vere poenitentes, et confessi, qui
anno a Nativitate eiusdem Domini MCCCXC proxime futuro,
et deinceps perpetuis temporibus de trigintatribus annis in tri-
gintatres annos praedictas ipsorum Petri et Pauli basilicas, ac
Lateranensem et S. Mariae Maioris de Urbe ecclesias ... visitaverint, plenissimam omnium suorum peccatorum veniam consequantur .....

VI 1. NICOLAUS V « Immensa et innumerabilia » 19 Ian. 1449 : *Indictio sancti Iubilaei proximo anno MCDL.*

Nicolaus episcopus servus servorum Dei, ad perpetuam rei
memoriam.

    a) *Munera divinae misericordiae* — Immensa et innume-
rabilia sunt divinae misericordiae munera, quae noster magis
aestimare quam computare sufficit sermo, quibus in salutem humani generis Dei Patris et Domini nostri Iesu Christi ineffabilis
clementia operata est et semper operatur, quod ministrando humano generi et ab aeterna morte liberando aeternus Pater coae-
ternum sibi Filium misit, quod Dei Filius ut homines Dei filios
faceret esse hominis filius voluit, quod humiliavit se ut iacentes
erigeret, quod servile corpus induit ut in libertate servituti subditos vindicaret, quia vulnerari se passus est ut vulnera nostra
curaret, quod mori sustinuit ut immortalitatem mortalibus exhi-
beret. Mira sunt haec et ineffabilia, sed qualis et quanta est di-

vina clementia, quae redemptio homini salutari ratione prospexit, ut, si post baptismi salutaris regenerationem pro fragilitate et imbecillitate sua homo nova peccata contraheret, salutaria remedia curandis sanandisque vulneribus invenerit. Laudent ergo Dominum iuxta Davidicam vocem omnes gentes et collaudent Eum omnes populi, quoniam confirmata est super nos misericordia eius.

    b) *De potestate ligandi atque solvendi peccata* — Inter haec divinae beneficentiae munera illud annumerandum est, quod Christus misericors et miserator Deus, qui factus est nobis a Deo sapientia, iustitia, redemptio et sanctificatio, discipulos suos relicturus corporali praesentia et ascensurus ad Patrem, apostolo Petro quem super gregem dominicum vicarium suum esse voluit atque pastorem, ligandi atque solvendi plenariam contulit potestatem, ut, quod ille ligasset in terris, esset in coelis et quod solvisset in terris, solutum esset in coelis. Eam potestatis plenitudinem in omnes Petri successores permanere voluit, ut illius ministerio solutis vinculis peccatorum animabus fidelium in regnum coelorum facilior pateret ingressus.

    c) *De Iubilaei anni mysterio* — Illud praeterea inter dona caelestia computandum credimus, quod placuit Spiritui Sancto, qui suam regit et docet et tuetur Ecclesiam, ut Petri apostoli, quem ianitorem coeli et aeternae vitae clavigerum universa per orbem terrarum catholica legit et canit Ecclesia, nonnulli successores, praedecessores nostri, Romani Pontifices, ministri Christi et dispensatores ministeriorum Dei, quaedam elegerint tempora, in quibus fidelibus populis uberius fluenta divinae miserationis effluerent, scientes omnipotentem Deum lapsi hominis vetustatem quibusdam periodis temporum, nunc diluvio, nunc circumcisione, nunc lege, nunc aliis atque aliis modis, novissime autem per Incarnati Verbi mysterium in melius innovasse. Qui cum illuminante Spiritu Sancto intelligerent, quod ad Vetus Testamentum secundum litteram pertinebat, hoc Novo secundum spiritum convenire, Iubilaei anni mysterium, in quo fiebat terrae remissio, libertas servorum, possessionum restitutio quae pretio fuerant comparatae, christiano populo spiritualiter exhibere curarunt, ut quolibet quinquagesimo anno omnes quibuscumque, etiam gravissimis delictis obnoxii, vere poenitentes et confessi,

qui apostolorum Petri et Pauli limina ac Lateranensem et beatae Mariae Maioris de Urbe ecclesias visitassent, sub certis modis et formis, quae in ipsorum litteris apostolicis continentur, et praesertim felicis recordationis CLEMENTIS VI et GREGORII XI, praedecessorum nostrorum, quorum tenores praesentibus annotari et de verbo ad verbum inseri fecimus, omnium peccatorum suorum plenissimam indulgentiam obtinerent.

d) *Litterae Clementis VI* — Tenor vero litterarum praefati CLEMENTIS sequitur, videlicet: (vide: II 1).

e) *Litterae Gregorii XI* — Tenor autem litterarum praefati GREGORII talis est: (vide: III 1).

f) *Indictio Iubilaei* — Nos igitur qui, licet immeriti, vices Christi gerimus in terris, et beati Petri successores sumus, eorum vestigiis inhaerentes, praefatas concessionum litteras ratas et gratas habentes, eas de venerabilium fratrum nostrorum S.R.E. cardinalium consilio et apostolicae plenitudine potestatis innovamus, approbamus, et praesentis scripti patrocinio communimus, decernimusque, statuimus et ordinamus, ut omnes christifideles, qui vere poenitentes et confessi, iuxta formam in ipsis litteris comprehensam, in anno Nativitatis Domini nostri Iesu Christi millesimo quadringentesimo quinquagesimo proximo secuturo praefatas sanctorum Petri et Pauli apostolorum basilicas ac Lateranensem et beatae Mariae Maioris ecclesias visitaverint, omnium peccatorum suorum plenissimam indulgentiam consequantur.

g) *Adhortatio* — Praeparent ergo omnes corda sua Domino et mores in melius commutare conentur, a malefactis abstineant, satisfaciant Domino per poenitentem dolorem, per humilitatis debitum quemadmodum per contriti cordis sacrificium, cooperantibus eleemosynis et peregrinationibus, ut sanctorum templa visitantes, quorum millia fere innumera una cum gloriosissimis apostolis Petro et Paulo in alma Urbe requiescunt, qui mortem pro Christi nomine perpessi eius conspectui semper assistunt, intercessores habere mereantur.

Nulli ergo etc. Si quis etc.

Datum Romae, apud Sanctum Petrum, anno Nativitatis Domini MCDIL, XIV Kalendas Februarii, pontificatus nostri anno II.

VII 1. PAULUS II « INEFFABILIS PROVIDENTIA » 19 APR. 1470 :
Reductio sanctissimi Iubilaei, sive Anni Sancti, ad
annum vigesimum quintum, quo visitantes basilicas Ss.
Petri et Pauli et S. Ioannis in Laterano ac S. Mariae
Maioris de Urbe, plenissimam peccatorum veniam con-
sequuntur.

Paulus episcopus servus servorum Dei, ad perpetuam rei
memoriam.

a) *De salute universorum christifidelium animarum* —
Ineffabilis providentia summi Patris (qui, pro redemptione humani generis eiusque reconcilianda natura, Adae praevaricatione
perpetuae mortis damnatione mulctata, Unigenitum suum vestem
nostrae mortalitatis assumere, et post evangelicae doctrinae sacra erudimenta, ac vitae Ipsius actus et conversationis exempla,
crucem voluit et mortem subire) laudabili imitatione Nos instru-
it ut, qui insufficientibus meritis vices ipsius Redemptoris tenemus in terris, summis enitamur studiis gregem dominicum vigilantiae nostrae sua praeordinatione commissum, quem callidi
hostis versutia iustitiae limitibus saepe divertit, Auctori nostro,
qui non mortem, sed poenitentiam desiderat peccatorum, red-
dere acceptabilem et bonorum operum sectatorem, ut, in extremi
tremendique iudicii ratione reddenda, rigorem iustitiae et ultio-
nis meritae evitare possimus. Decet igitur nostrae mentis intui-
tum ad ea vigili attentione convertere, per quae, supremi favoris
suffragante praesidio, ita universorum christifidelium animarum
saluti prospiciamus utiliter et gratiarum spiritualium donis salubriter consulamus, quod adversus ipsius hostis astutias con-
gruo valeat antidoto subveniri, ipsique fideles aeternae beatitudinis praemia, largiente Altissimo, consequantur.

b) *Bonifacius VIII Iubilaeum quolibet centesimo anno*
concessit — Dudum siquidem cum fida relatio antiquorum haberet quod accedentibus ad honorandam Principis apostolorum
de Urbe basilicam magnae concessae forent remissiones et indulgentiae peccatorum, felicis recordationis BONIFACIUS papa
VIII, praedecessor noster, summo studio salutem appetens fidelium singulorum, et attenta consideratione recensens quod, per
beatissimos christianae fidei Principes Petrum et Paulum, sacro-

sancta Romana et universalis Ecclesia religionis'sumpsisset exordium, ac Evangelium Christi Romae resplenduisset; ut iidem apostolorum Principes, gregis dominici pastores et eiusdem Ecclesiae columnae firmissimae, in speciali veneratione et honorificentia haberentur, ipseque praedecessor fidelibus ipsis incomparabilem salutis thesaurum aperiret, de fratrum suorum consilio, voluit atque decrevit quod omnes qui anno a Nativitate Domini millesimo trecentesimo, et quolibet anno centesimo ex tunc in antea secuturo, ad ipsorum apostolorum basilicas de Urbe accederent reverenter, ipsasque, si Romani, ad minus triginta; si vero peregrini aut forenses, quindecim diebus continuis vel interpolatis, saltem semel in die, vere tamen poenitentes et confessi, personaliter visitarent, suorum omnium peccatorum remissionem et veniam plenissimam obtinerent.

c) *Clemens VI ad annum quinquagesimum Iubilaeum reduxit* — Postmodum vero sanctae recordationis CLEMENS papa VI, noster etiam praedecessor, ex praemissis et nonnullis aliis animum suum moventibus causis, indulgentiam antedictam ad annum quinquagesimum provida consideratione reducens, apostolica auctoritate statuit ut omnes christifideles qui praedictas basilicas et Lateranensem ecclesiam de quinquaginta in quinquaginta annos, certo modo tunc expresso, devote visitaverint, eandem peccatorum suorum veniam consequerentur.

d) *Gregorius XI statuit etiam visitari ecclesiam beatae Mariae Maioris* — Et successive piae memoriae GREGORIUS papa XI, similiter praedecessor noster, cupiens ut ecclesia beatae Mariae Maioris de Urbe cum eisdem basilicis et Lateranensi ecclesia indulgentiae privilegio decoraretur praedicto, ex certa scientia voluit, statuit et auctoritate praedicta ordinavit quod quicumque christifideles huiusmodi indulgentiam per ipsius CLEMENTIS litteras declaratam assequi affectarent, eandem ecclesiam B. Mariae Maioris, sicuti basilicas et Lateranensem ecclesiam supradictas, visitare deberent et etiam tenerentur.

e) *Urbanus VI Iubilaeum celebrari praecepit quolibet anno trigesimo tertio* — Et deinde URBANUS VI in sua obedientia nuncupatus, provide considerans quod aetas hominum amplius solito in dies laberetur pauciores, ac desiderans quamplurimos eiusdem indulgentiae fieri participes, cum ad annum quinquage-

simum, propter brevitatem vitae, plurimi hominum minime perveniant, ut populorum augeretur devotio, fides splenderet et caritas amplius incalesceret, ex eisdem et aliis non minoribus causis, de fratrum suorum consilio, annum quinquagesimum supra-
dictum ad trigesimumtertium reducens, statuit, de fratrum suorum eorundem consilio et apostolicae plenitudine potestatis, quod
universi fideles vere poenitentes et confessi, qui in anno a Nativitate eiusdem Domini millesimo trecentesimo nonagesimo, et
deinceps perpetuis temporibus, de triginta tribus annis in triginta
tres annos, basilicas ac Lateranensem et sanctae Mariae Maioris
praedictae Urbis ecclesias, causa devotionis, modo praemisso
visitarent, eandem consequerentur remissionem et veniam peccatorum.

    f) *Martini V approbatio* — Postremo vero, postquam fe-
licis recordationis MARTINUS V, Romanus Pontifex, praedecessor noster, reductionem per eundem URBANUM factam huiusmodi ratam habens et gratam, ipsam in sua firmitate persistere
et anno trigesimotertio supradicto observari debere censuerat,
et ad effectum deduci anno ingruente praedicto permiserat, prout
observata extitit.

    g) *Nicolai V confirmatio* — Piae recordationis NICOLAUS
papa V, similiter praedecessor noster, eorundem praedecessorum inhaerendo vestigiis, praedictas CLEMENTIS eiusdem concessionis litteras ratas habens et gratas, eas, de fratrum nostrorum, tunc suorum, consilio et apostolicae potestatis plenitudine,
innovavit et approbavit, suique scripti patrocinio communivit,
indixitque, statuit, decrevit et ordinavit ut omnes christifideles
vere poenitentes et confessi, qui, iuxta formam in litteris CLE-
MENTIS praedecessoris huiusmodi comprehensam, in anno a Nativitate Domini nostri Iesu Christi millesimo quadringentesimo
quinquagesimo tunc futuro, basilicas et ecclesias antedictas visitarent, ut praefertur, omnium peccatorum suorum plenissimam
indulgentiam consequerentur, prout in dictis litteris plenius continetur.

    h) *Hic modo Pontifex Iubilaeum ad annum vigesimum
quintum reducit* — Nos igitur, qui, miseratione Altissimi, laben-
tibus annis, regimini catholicae et universalis Ecclesiae fuimus,
divina clementia disponente, praefecti, provida consideratione
non immerito attendentes humanae conditionis statum fragilem

ad peccandum proclivem et ad declinationem usque adeo celeri
cursu, ut praemittitur, properare; brevissimum quoque vitae
spatium et, peccatis nostris exigentibus, crebras pestilentias, va-
rios morbos laetiferos, gravissimas quoque Turcarum et infidelium adversus fideles persecutiones assiduas, atque universam
Christianitatem, retroactis temporibus quassatam, adhuc variis
non quidem minoribus iniuriis lacessiri et calamitosis casibus
et dispendiis subiacere, aliasque plurimas aerumnas in Christi
populos adeo invalescere, et, eis atque aliis sinistris casibus plerumque causantibus, admodum pauci remissionum et indulgentiarum huiusmodi participes fieri mereantur; necnon ante considerantes novum vel a moribus alienum non esse, pro varietate
temporum, antecessorum eorumdem statuta reduci ad spatium
temporis brevioris, maxime pro salute animarum fidelium, quam
tota mente appetimus, et iuxta datam Nobis a Domino gratiam
assidue procuramus, ex praemissis et quibusdam aliis non minoribus causis ad id animum nostrum inducentibus, annum trigesimumtertium huiusmodi, de venerabilium fratrum nostrorum
consilio et ipsius potestatis plenitudine, ad annum vigesimum-
quintum reducentes, auctoritate, scientia et potestate praemissis,
statuimus et ordinamus quod de cetero perpetuis futuris temporibus annus Iubilaeus (plenariae videlicet remissionis et gratiae et reconciliationis humani generis nostro piissimo Redemptori), cum omnibus et singulis indulgentiis et peccatorum remissionibus supradictis, de vigintiquinque annis, cum gratiarum
actione et mentis iucunditate, debeat ab omnibus christifidelibus
frequentari ac etiam celebrari. Nos enim, de omnipotentis Dei
misericordia et ipsorum apostolorum auctoritate confisi, eisdem
utriusque sexus fidelibus, qui in anno Domini millesimo quadringentesimo septuagesimo quinto, incipiendo a primis vesperis
vigiliae Nativitatis Domini nostri Iesu Christi millesimo quadringentesimo septuagesimo quarto et ut sequitur finiendo, ac
deinceps, de vigintiquinque annis in vigintiquinque annos, basilicas et ecclesias antedictas, alias iuxta ordinationem eorumdem
praedecessorum, devote visitaverint, ut praefertur, plenissimam
peccatorum suorum omnium veniam elargimur.

    i) *Iubilaei indulgentias consequi volentes considerent quae
Pontifex proponit* — Attendant igitur universi fideles, qui ad ra-

tionem perspicuae veritatis attingere quaerunt, ac in statera cordis iusto libramine ponderent suorum sarcinam peccatorum, et quam graviter se reos constituerint erga ipsum Redemptorem piissimum, divinam contra se clementiam provocando. Debitorum suorum etiam relegant memoriale, atque animo repetant huius defluentis saeculi cursum ad exitum continuo properare, et inexorabilem legem mortis, absque ullius exceptionis beneficio, omnibus esse indictam, quae sine personarum dignitatumque delectu, cunctos reddit aequales, nihilque esse in quo vanam huius mundi gloriam inanibus extollamus titulis, dum nascenti dies mortis indicitur, ac per tacitos fallentesque decursus huius vitae mortalis ad extremum diem fugaci temporis mobilitate raptatur. Provide deinde considerent tremendi iudicii diem, in qua omnium, quae in corpore gessimus, et sive bonum fuerit sive malum, reddituri erimus rationem, et absque provocationis effectu quisque propriam mercedem accipiet, aut aeternae beatitudinis praemia, aut mortis perpetuae et damnationis aeternae supplicia, quibus secunda mors finem imponere aut ea mitigare nequibit; et tandem, cum ita sit, nihilque habeat humana mortalitas quod bonorum omnium Largitori digne retribuere possit (cum nullum in se bonum inveniat, quod non sit ei liberaliter a Deo collatum), ut mortis huius et damnationis detrimenta evitent, his atque aliis meritoriis operibus peccata sua omni ex parte studeant expiare, ut saltem per haec media atque remissionum et indulgentiarum largitionem huiusmodi, quibus christicolas omnes, veluti data manu, ad salutem perpetuam invitamus, ac sanctorum meritis et intercessionibus adiuti, ad aeternam mereamur beatitudinem pervenire. Suscipiant etiam cuncti fidei catholicae professores patris monita et instituta salutis, atque praecipua cum exultatione, ad praeparandum iter sibi ad gloriam sempiternam, has remissionum ac indulgentiarum gratias uberrimas, quas Nos, illarum dispensatores indigni, tamquam Iesu Christi vicarius, de sacrosanctae Romanae Ecclesiae thesauris exhibemus, ut ipsorum animas, ab hostis teterrimi potestate ereptas, immortali Deo Creatori nostro, sicuti supremis desideramus affectibus, exhibere, et Nos cum eis superna beatitudine perfrui valeamus. Amen.

Nulli ergo etc. Si quis etc.

Datum Romae, apud Sanctum Petrum, anno a Nativitate

eiusdem Domini MCDLXX, XIII Kalendas Maii, pontificatus nostri anno VI.

VII 2. SIXTUS IV « QUEMADMODUM OPEROSI » 29 AUG. 1473 :

Bulla confirmationis anni Iubilaei, publicata apud Sanctum Petrum in die Nativitatis Domini, in qua continetur, quod annus Iubilaeus ad brevius tempus reductus, quam olim esset, quoniam vigesimo quinto quoque anno cunctis fidelibus, basilicas Urbis Romanae hic expressas visitantibus, illius indulgentiae conceduntur; et illo durante aliae indulgentiae ubique cessant.

a) *De universi gregis dominici sollicitudine* — Quemadmodum operosi vigilisque pastoris sollertia oves suae custodiae deputatas curat a ferarum praeservare incursibus, et ad statum prosperum foetu multiplicato perducere : ita quoque et Nos, quibus dispositione superna universi gregis dominici sollicitudo commissa est, et supremis desideramus affectibus, et studiis nitimur indefessis, cunctos christifideles, quos a iustitiae semita hostis humani generis diabolica fraude avertit, deposita peccatorum sarcina suo reconciliare auctori, ut aeternae felicitatis praemiis nostri Redemptoris inaestimabili caritate media potiantur, fiatque nostrae operationis ministerio, utilitate publica suadente, etiam per gratiarum susceptionem, quod eorum saluti conveniat, atque nostra et praedecessorum nostrorum ordinationes salubres debitis effectibus mancipentur.

b) *De confirmatione ordinationis Pauli II* — Olim siquidem felicis recordationis PAULUS papa II, praedecessor noster, rationabilibus causis tunc expressis inductus, de venerabilium fratrum nostrorum, tunc suorum, (de quorum numero tunc eramus), consilio, annum Iubilaeum ad brevius tempus provida moderatione reducens, illum ad annum vigesimum quintum apostolica auctoritate restrinxit, ac voluit, statuit et decrevit ex causis praedictis, quod singulis viginti quinque annis Iubilaeus annus praedictus celebrari deberet, quodque anno Domini MCCCCLXXIV proxime futuro, videlicet a vigilia Nativitatis Domini nostri Iesu Christi, idem annus Iubilaeus inciperet, et,

ut sequitur, finiretur, ac universi et singuli utriusque sexus fideles, qui beatorum apostolorum Petri et Pauli basilicas, Lateranensem quoque et sanctae Mariae Maioris almae Urbis ecclesias
statutis diebus devote visitarent, omnes et singulas indulgentias
et peccatorum remissiones consequerentur, quas idem Pontifex
suique praedecessores anno Iubilaeo huiusmodi basilicas et ecclesias praedictas visitantibus devote concesserant, per quasdam
primo, et deinde Nos, qui, dicto praedecessore, sicut Domino placuit, sublato de medio, fuimus divina disponente clementia ad
apicem summi apostolatus assumpti, et per nostras litteras eiusdem Pauli praedecessoris ordinationem, voluntatem et statutum,
ac omnia et singula in eisdem suis litteris contenta de fratrum
eorundem consilio approbantes, similiter statuimus et ordinamus, quod annus Iubilaeus praedictus cum eisdem indulgentiis
et remissionibus plenariis peccatorum anno proxime futuro a vigilia Nativitatis eiusdem incipere, et, ut sequitur, continuari deberet, prout in singulis litteris praedictis, (quarum tenores praesentibus haberi volumus pro expressis), plenius continetur.

     c) *De suspensione aliarum indulgentiarum* — Verum quia
postmodum tam Nos, quam idem Paulus praedecessor noster,
dum in humanis ageret, animarum saluti fidelium intenti, multorum principum et aliorum christifidelium ac devotarum personarum pulsati precibus, diversas indulgentias et peccatorum remissiones plenarias nonnullis ecclesiis, monasteriis et piis locis
duximus concedendas, propter quas populorum forsan concursus
ad basilicas et ecclesias ante dictas retardari, aut ipsius anni Iubilaei celebritas minui vel intermitti posset cum animarum non
modico detrimento: Nos, qui universorum credentium profecti-
bus et saluti prospicere ex debito ministerii pastoralis adstrin-
gimur, (ne propter aliarum indulgentiarum hactenus a Nobis, seu
eodem Paulo vel aliis praedecessoribus nostris concessarum,
huiusmodi effusionem hoc sanctum opus ac remissionis et gratiae annus Iubilaeus intermittatur, aut fideles ipsi a tanto munere
reddantur expertes), remediis opportunis providere volentes, omnes et singulas plenarias, etiam ad instar Iubilaei, ac etiam commutandi vota, aut super eis et male ablatis incertis, aut per usurariam pravitatem vel alium illicitum modum extortis, dispensandi et componendi, aut illa sub certis modo et forma remittendi,

et deputandi confessores cum potestate absolvendi, etiam in casibus Sedi apostolicae reservatis, facultates, concessiones et indulta a Nobis et eadem Sede, vel illius auctoritate quibuscunque
ecclesiis, monasteriis, hospitalibus et piis locis, universitatibus,
fraternitatibus quibuslibet, tam in perpetuum quam ad certum
tempus, in vita seu in mortis articulo, quovis modo aut quavis
causa quomodolibet concessas et concessa, et in posterum forsi-
tan concedendas vel concedenda, auctoritate apostolica tenore
praesentium de apostolicae potestatis plenitudine usque ad nostrum et eiusdem Sedis beneplacitum suspendimus, illasque durante beneplacito nostro et Sedis praedictae suspensas esse volumus, nec interim alicui suffragari, indulgentiis tamen basilicarum
et ecclesiarum dictae Urbis in suo plenario robore durantibus, districtius inhibentes, alias indulgentias, praeter istas duntaxat, in
locis publicis vel privatis praedicari aut nuntiari, earumque praetextu a quaestoribus aliquid exigi quoquo modo. Quin immo
quaestores et praedicatores quoscunque per locorum ordinarios
a praedicationibus et quaestibus huiusmodi faciendis, volumus
et mandamus praesentium auctoritate arceri sub censuris et poenis ecclesiasticis, de quibus fuerit opportunum.

Nulli ergo etc. Si quis etc.

Datum Tibure, anno Incarnationis Dominicae MCDLXXIII,
IV Kalendas Septembris, pontificatus nostri anno III.

VIII 1. ALEXANDER VI « CONSUEVERUNT ROMANI PONTIFI-
CES » 12 APR. 1498 (1499?) : *Suspensio indulgentiarum propter futurum annum Iubilaei.*

Alexander episcopus servus servorum Dei, ad futuram rei
memoriam.

a) *Essentia Iubilaei* — Consueverunt Romani Pontifices,
praedecessores nostri, appropinquante anno Iubilaei, ut christifideles uberius indulgentias dicto anno concessas valeant promereri et ad id promptius pro suarum salute animarum inducantur,
per suspensionem gratiarum praecedentium, sive alias, prout
utilius fore suspiciunt, opportune provisionis remedia adhibere.

Sane cum annus Iubilaei remissionis et gaudii, qui quolibet
anno centesimo ab illius primaeva ordinatione per felicis recordationis BONIFACIUM VIII institutus, et deinde per CLEMENTEM
VI ad quinquagesimum, postremo ad XXV annos per beatae memoriae PAULUM II, Romanos Pontifices, praedecessores nostros,
propter humanae vitae brevitatem reductus fuit, prout in diversis eorumdum praedecessorum litteris desuper confectis plenius
continetur, anno a Nativitate Domini millesimo quingentesimo
proxime futuro debeat celebrari, sitque vere ille annus centesimus, qui ab ipsa primaeva ordinatione fuit institutus, et in quo
omnes quibuscumque etiam gravissimis delictis obnoxii, vere poenitentes et confessi, visitando basilicas et ecclesias almae Urbis
et extra eam ad id deputatas, plenissimam omnium peccatorum
suorum indulgentiam consequantur, et propterea a cunctis christifidelibus peramplius et cum maiore frequentia non immerito
celebrandus,

   b) *Invitatio ad fideles* — cupimus toto cordis affectu animos Creatori lucrifacere, dictumque annum Iubilaei ab ipsis
fidelibus cum omni debita et singulari devotione frequentari, et
fideles ipsos ad dictam Urbem pro reverentia beatorum Petri et
Pauli apostolorum Principum, qui eam suo martyrio consecraverunt, ac indulgentiis dicti Iubilaei consequendis, undecumque
personaliter accedere et se ad id iam praeparare.

   c) *Suspensio indulgentiarum* — Nos, qui, licet immeriti,
vices Christi tenemus in terris, ne christifideles propter aliarum
indulgentiarum ac facultatum et concessionum hactenus a
Nobis et a dictis praedecessoribus nostris commissarum multitudinem, in hoc tam sancto opere reddantur tardiores, eorumdem praedecessorum vestigiis inhaerentes, habita cum venerabilibus fratribus nostris S. R. E. cardinalibus deliberatione
matura, de fratrum eorumdem consilio et apostolicae auctoritatis
plenitudine, praedictas et alias plenissimam anni Iubilaei indulgentiam concernentes a Sede apostolica concessas litteras, quarum tenores, ac si de verbo praesentibus insererentur, haberi
volumus pro sufficienter expressis et insertis, approbantes et innovantes : omnes et singulas alias indulgentias plenarias, ac commutandi vota, et super eis et male ablatis incertis, aut per usurariam pravitatem vel alium illicitum modum extortis dispensan-

di, aut illa sub certis modo et forma remittendi, ac deputandi et
eligendi confessores, etiam in forma «Beatissime Pater» cum
potestate absolvendi a casibus Nobis et eidem Sedi reservatis,
facultates et concessiones a Nobis et eadem Sede vel illius auctoritate, quibusvis ecclesiis, monasteriis vel domibus hospitalium
vel aliis religiosis, etiam militiarum quarumcumque et piis locis,
etiam hospitali nostro Sancti Spiritus in Saxia de Urbe, Ordinis
S. Augustini, horumque membris, universitatibus et singularibus
personis, etiam cuiusque dignitatis et gradus, ordinis vel conditionis, et quacumque ecclesiastica vel mundana praefulgeant dignitate, excellentia et auctoritate, tam in perpetuum quam ad tempus, in vita vel mortis articulo, quovis modo et ex quavis causa
vel ratione, et quantumcumque gravi et excogitabili, etiam in subsidium defensionis fidei contra perfidos Turcas et alios orthodoxae fidei hostes, concessas, et litteras desuper confectas ac saepius approbatas, quascumque clausulas etiam derogatoriarum de-
rogativas, fortiores, efficaciores et insolitas ac tales, quod illis nullatenus etiam quacumque causa vel ratione etiam simili defensionis fidei derogari possit nec illae suspendi valeant, in se contineant, auctoritate apostolica, tenore praesentium, de consilio ac
potestatis plenitudines similibus usque ad dictum annum millesimum quingentesimum finitum proxime futurum, duntaxat omnino suspendimus et suspensas esse illasque nemini, dicto tempore, volumus suffragari, districtius prohibentes praedicari vel
publicari, et in earum praetextu questori eleemosynarum aliquid
postulari, ac confessores concessionum et facultatum huiusmodi
vigore aliquem absolvere posse.

d) *Suspensio post octavam festi Resurrectionis Domini
nostri Iesu Christi proxime venturam suum debet sortiri effectum*
— Quin immo questores, confessores et praedicatores quoscumque per locorum ordinarios a praemissis faciendis volumus et
mandamus praesentium tenore coerceri, decernentes suspensionem praedictam post octavam festi Resurrectionis Domini nostri Iesu Christi proxime venturam suum debere sortiri effectum.

e) *Adhortatio* — Praeparent ergo omnes corda sua Domino et mores in melius commutare conentur, a malefactis abstineant, satisfaciant Domino per poenitentiae dolorem, humilitatis
spiritum, per contriti cordis sacrificium, cooperantibus eleemosy-

nis et peregrinationibus, et adveniente Domini anno Iubilaei,
sanctorum templa visitantes, quorum millia fere in memoria una
cum gloriosissimis apostolis Petro et Paulo in dicta Urbe requiescunt, qui mortem pro Christi nomine perpessi eius conspectui
semper assistunt, intercessores habere mereantur.

Ut autem praesentes litterae ad omnium notitiam deducantur, illas in valvis basilicarum eiusdem Principis apostolorum,
S. Ioannis Lateranensis de dicta Urbe affigi, ut hi quos litterae
huiusmodi concernunt, quod ad ipsos non pervenirent, aut illos
ignoraverint, nullam possint excusationem praetendere vel igno-
rantiam allegare, cum non sit verissimile quod ipsis remaneat
incognitum quod tam patenter fuerit publicatum.

Mandamus etiam venerabilibus fratribus nostris universis
patriarchis, episcopis et aliis locorum ordinariis, ut ipsi et per
se vel alium seu alios, postquam earumdem praesentium notitiam
quoquolibet modo habuerint, aliquibus Dominicis diebus vel fes-
tivis in ecclesiis suis, dum maior inibi populi multitudo ad divina convenerit, solemniter publicent, et ad christifidelium mentes deducant, nuntient et declarent.

Nulli ergo etc. Si quis etc.

Datum Romae, apud S. Petrum, anno Incarnationis Dominicae MID (?) pridie Idus Aprilis, pontificatus nostri anno VI (?).

VIII 2. ALEXANDER VI « Inter multiplices » 28 Mart.
1499 : *Intimatio futuri Iubilaei anni centesimi cum suspensione aliarum indulgentiarum.*

Alexander episcopus servus servorum Dei, ad futuram rei
memoriam.

a) *Intimatio Iubilaei* — Inter multiplices nostrae sollicitudinis curas quae Nobis ex apostolatus officio incumbere dignoscuntur, illam imprimis toto cordis affectu suscipere debemus,
per quam universi christifideles appropinquante anno Iubilaei
indulgentias dicto anno durante concessas uberius valeant promereri, ac ad id pro suarum salute animarum promptius inducantur; et quae propterea more aliorum Romanorum Pontificum
praedecessorum nostrorum a Nobis provide emanarunt, libenter

innovamus et alias prout utilius fore conspicimus opportune provisionis remedia pro debito pastoralis officii adhibere curamus.

Sane superiore anno attente considerantes, annum Iubilaei
remissionis et gaudii, qui quolibet anno centesimo ab illius primaeva ordinatione per felicis recordationis BONIFACIUM VIII
institutus, deinde per CLEMENTEM VI ad quinquagesimum, ac
postremo propter humanae vitae brevitatem per piae memoriae
PAULUM II, Romanos Pontifices praedecessores nostros, ad vi-
gesimumquintum annos reductus fuit, anno a Nativitate Domini
millesimo quingentesimo prime futuro celebrari debere et vere
esse illum centesimum Iubilaei annum, qui ab ipsa primaeva ordinatione fuit institutus et in quo omnes, quibuscumque etiam gravissimis delictis obnoxii, vere poenitentes et confessi, visitando
basilicas et ecclesias almae Urbis et extra eam ad id deputatas,
plenissimam omnium delictorum suorum indulgentiam consequuntur,

b) *De suspensione aliarum indulgentiarum* — et propterea a cunctis christifidelibus cum maiori frequentia non immerito celebrandum, eorumdem praedecessorum nostrorum vestigiis inhaerentes, ut universi christifideles ad dictam Urbem pro
ipsa indulgentia dicto anno concessa consequenda undecumque
personaliter accedere se praepararent, nec propter aliarum indulgentiarum, facultatum ac concessionum eatenus a Nobis et
ipsis praedecessoribus nostris concessarum multitudinem, ab hoc
tam sancto opere retraherentur, habita super hoc cum venerabilibus fratribus nostris sanctae Romanae Ecclesiae cardinalibus
deliberatione matura, de fratrum eorumdem consilio et apostolicae potestatis plenitudine, omnes et singulas indulgentias plenarias, ac commutandi vota, aut super eis aut male ablatis incertis
aut per usurariam pravitatem vel alium illicitum modum extortis
dispensandi et componendi, aut illa sub certis modo et forma remittendi, ac deputandi et eligendi confessores, etiam in forma
« Beatissime Pater », cum potestate absolvendi in casibus Nobis
et Apostolicae Sedi reservatis, facultates et concessiones a Nobis
et Sede praedicta vel illius auctoritate quibuscumque ecclesiis,
monasteriis, domibus, hospitalibus et aliis religiosis, etiam militiarum quarumcumque et piis locis, etiam hospitali nostro Sancti
Spiritus in Saxia de Urbe, ordinis sancti Augustini, illorumque

membris, universitatibus quoque, collegiis, confraternitatibus · et
singularibus personis, etiam cuiuscumque dignitatis, status, gradus, ordinis vel conditionis, ac quacumque ecclesiastica vel mundana dignitate, excellentia et auctoritate fulgerent, tam in perpetuum quam ad tempus, in vita vel mortis articulo, quovis modo, et ex quavis causa vel ratione etiam quantumcumque grandi
et excogitabili, etiam in subsidium defensionis filei contra perfidos
Turcos ac alios orthodoxae fidei hostes, concessas et litteras desuper confectas, ac saepius approbatas, usque ad dictum annum
Iubilaei finitum prime venturum dumtaxat omnino suspendimus
et suspensas esse illasque nemini dicto tempore volumus suffragari, prout in aliis nostris desuper confectis litteris, quarum tenores, ac si de verbo ad verbum praesentibus inserentur, haberi volumus pro sufficienter expressis et insertis, plenius continetur.

Cum autem postmodum a Nobis ad importunam quamplu-
rimorum instantiam diversae indulgentiarum, facultatum et concessionum huiusmodi revalidationes, declarationes, attestationes
et aliae similes plenariae indulgentiae, facultates et concessiones
emanaverint, et contingere posset quod forsan aliqui propterea
a proposito basilicas et alias ecclesias praedictas ad id deputatas,
dicto anno Iubilaei visitandi cessarent, seu tardiores redderentur, Nos qui licet immeriti vices Christi tenemus in terris, cupientes animas lucrifacere Creatori, et ut ipse annus Iubilaei
centesimus a christifidelibus cum maiori frequentia ac omni debita et singulari devotione celebretur, litteras praedictas cum
omnibus et singulis in eis contentis clausulis de similibus consilio et potestatis plenitudine approbantes et innovantes, dictumque annum Iubilaei omnibus christifidelibus per universum orbem constitutis, etiam harum serie nuntiantes, revalidationes,
declarationes, attestationes, ac omnes et singulas alias plenarias
indulgentias, ac illas concernentes, necnon deputandi et eligendi
confessores huiusmodi etiam in forma « Beatissime Pater » cum
potestate absolvendi in dictis casibus reservatis, facultates et
concessiones a Nobis post dictam suspensionem, etiam quibuscumque ecclesiis, monasteriis, domibus, hospitalibus et aliis religiosis etiam militiarum quarumcumque et piis locis, etiam dicto
hospitali illiusque membris, universitatibus quoque, collegiis, confraternitatibus et singularibus personis, etiam cuiuscumque digni-

tatis, status, gradus, ordinis, vel conditionis, ac quacumque ecclesiastica vel mundana dignitate, excellentia et auctoritate perful-
geant, tam in perpetuum quam ad tempus, in vita vel mortis articulo, quovis modo hactenus concessas et litteras desuper confectas, auctoritate apostolica, tenore praesentium, de consilio et potestatis plenitudine similibus, usque ad dictum annum Iubilaei
prime venturum finitum de novo omnino suspendimus et suspensas esse, illasque et quascumque alias quas per Nos forsan in posterum concedi contigerit, etiam quascumque clausulas etiam derogatoriarum derogatorias, fortiores, efficaciores et insolitas, ac tales, quod illis nullatenus etiam quavis
causa vel ratione derogari possit, in se contineant, et etiam si
praesentibus et aliis litteris praedictis expresse derogarent, nemini dicto tempore volumus suffragari, districtius prohibentes
etiam sub excommunicationis latae sententiae poena, quam singuli contra facientes eo ipso incurrant, et a qua nonnisi a Nobis
et successoribus nostris Romanis Pontificibus canonice intrantibus, praeterquam in mortis articulo constituti, absolvi possint,
revalidationes, declarationes, attestationes, indulgentias et facultates, ac concessiones huiusmodi in locis publicis vel privatis
dicto tempore praedicari vel publicari et earum praetextu a que-
storibus elemosynarum aliquid postulari, ac confessores concessionum et facultatum huiusmodi vigore aliquem absolvere posse,
quinimo questores, praedicatores et confessores quoscumque per
locorum ordinarios a praemissis faciendis volumus penitus auctoritate coerceri, decernentes suspensionem praesentium vigore
factam huiusmodi post octavam Resurrectionis Domini nostri
Iesu Christi proxime venturi suum debere sortiri effectum, non
obstantibus praemissis ac constitutionibus et ordinationibus apostolicis necnon omnibus illis quae in litteris praedictis voluimus
non obstare ceterisque contrariis quibuscumque.

Ut autem etc. Mandantes etiam etc. (vide: VIII 2).

Nulli ergo etc. Si quis etc.

Datum Romae, apud S. Petrum, anno Incarnationis Dominicae MID, V Kalendas Aprilis, pontificatus nostri anno VII.

VIII 3. ALEXANDER VI « INTER CURAS MULTIPLICES » 20
DEC. 1499: *Annuntiatio Sacri Iubilaei instantis anni
centesimi et declaratio quid pro consequenda illius plenissima indulgentia a christifidelibus fieri debeat.*

Alexander episcopus servus servorum Dei, ad futuram rei
memoriam.

a) *Essentia Iubilaei* — Inter curas multiplices quae Nobis ex apostolatus officio incumbere dignoscuntur, illam libenter
amplectimur per quam universi christifideles, hoc sacro Iubilaei
anno instante, indulgentias a Romanis Pontificibus, praedecessoribus nostris et a Nobis pro suorum expiatione peccatorum
concessas, uberius valeant promereri, et ad id pro suarum salute
animarum promptius inducantur: et quae propterea ab eisdem
praedecessoribus et a Nobis perinde emanaverunt, ad omnium
notitiam deducantur, ut ipsi christifideles indulgentiarum huiusmodi melius et facilius capaces effici atque aeternae beatitudinis
praemia, largiente Altissimo, consequi possint.

Cum itaque annus Iubilaei, remissionis et gaudii ac reconciliationis humani generis nostro piissimo Redemptori, qui, quolibet anno centesimo, ab illius primaeva ordinatione per felicis
recordationis BONIFACIUM institutus ac deinde per CLEMENTEM
ad quinquagesimum annum, et successive per GREGORIUM XI
ad trigesimum tertium et postremo ad vigesimum quintum annum per piae memoriae PAULUM II, Romanos Pontifices, praedecessores nostros, propter humanae vitae brevitatem reductus
fuit, instare noscatur sitque vere ille centesimus annus qui ab
ipsa primaeva ordinatione fuit institutus, et in quo universi christifideles quibuscumque, etiam gravissimis delictis obnoxii, vere
poenitentes et confessi, visitando basilicas et ecclesias Urbis et
extra eam deputatas illarumque maiora altaria, ob passionem
Domini nostri Iesu Christi ac apostolorum necnon martyrum
aliorumque sanctorum merita, plenissimam omnium peccatorum
indulgentiam consequantur et propterea ab omnibus christifidelibus cum maiore frequentia et devotione non immerito celebrandus,

b) *Invitatio ad fideles* — cupiamusque toto cordis affectu
animas lucrifacere Creatori, dictumque annum Iubilaei ab ipsis

fidelibus cum debita et singulari devotione frequentari ac fideles
ipsos ad dictam Urbem pro reverentia beatorum Petri et Pauli
apostolorum Principum qui eam martyrio suo consecraverunt,
et in quorum basilicis, sub illarum maioribus altaribus, illorum
gloriosa corpora et in altari ecclesiae Lateranensis capita recondita servantur ac indulgentiis dicti Iubilaei consequendis undique personaliter accedere :

c) *Annuntiat quo tempore annus iste Iubilaei incipiat* —
Nos qui eiusdem beati Petri meritis, licet imparibus, successores
sumus et per alias diversas litteras nostras plenissimam dicti anni
Iubilaei indulgentiam litterasque eorumdem praedecessorum nostrorum desuper emanatas de fratrum nostrorum consilio approbavimus et innovavimus ne contingat aliquem ignorare seu dubitare quo tempore annus iste Iubilaei incipiat, et quae ac quot
ecclesiae, pro dicta consequenda indulgentia plenissima, ac quot
diebus illae visitari debeant, per nostrae declarationis oraculum
debite providere volentes, auctoritate apostolica et ex certa scientia, tenore praesentium, omnibus et singulis utriusque sexus christifidelibus per universum orbem constitutis annuntiamus et declaramus ipsum annum Iubilaei in vigilia et primis vesperis Nativitatis Domini nostri Iesu Christi proxime venturis inchoare ;

d) *De Portis Sanctis aperiendis* — quo tempore Portam
dictae basilicae beati Petri centesimo quoque anno Iubilaei pro
maiore fidelium devotione aperiri solitam, adstantibus venerabilium fratrum nostrorum sanctae Romanae Ecclesiae cardinalium
collegio ac maxima praelatorum, cleri et populi multitudine, propriis manibus aperiemus, faciemusque aperire alias basilicas S.
Pauli ac Lateranensis et beatae Mariae Maioris de dicta Urbe
ecclesiarum Portas, etiam de more anno Iubilaei aperiri con-
suetas,

e) *De conditionibus indulgentiae lucrandae* — et pro consequenda ipsa plenissima indulgentia basilicas eorumdem apostolorum Petri et Pauli, ac Lateranensis et beatae Mariae Maioris ecclesias illarumque maiora altaria huiusmodi, per Romanos
et in dicta Urbe commorantes et residentes, triginta, per peregrinos vero et forenses, quindecim diebus continuis seu interpolatis,
semel in die visitari debere, omnes et singulas plenissimas indulgentias per dictos praedecessores dicto anno Iubilaei basilicas

et ecclesias praedictas visitantibus concessas, de novo pro con-
scientiarum eorumdem fidelium maiori securitate, ac potiori cau-
tela, auctoritate et scientia, et similiter approbantes, concedentes
et innovantes,

　　f) *De legitime impeditis* — adiicientes quoque, ut ii qui
pro consequenda indulgentia huiusmodi post iter arreptum vel
post praeparationem ad veniendum ad dictam Urbem anno Iubilaei per eos factam, fuerint legitime impediti, quominus ad
dictam Urbem valeant pervenire, aut praepediti in loco ubi tunc
fuerint et venientes in via, vel tam ipsi si ad praedictam Urbem
pervenerint, quam Romani et alii residentes et commorantes ac
forenses, praedicto dierum praetaxato numero non completo, in
dicta Urbe decesserint, vere poenitentes et confessi, eamdem
plenissimam indulgentiam omnino consequantur.

　　g) *De casibus reservatis* — Et ut omnes christifideles, eiusdem plenissimae indulgentiae facilius capaces, Deo propitio, efficiantur habeantque ad quos in casibus Nobis et Sedi apostolicae
reservatis, si illis irretiti forent, recurrere possint, deputavimus
in dicta basilica S. Petri poenitentiarios quibus eos in dictis casibus reservatis absolvendi plenam et liberam pro maiore christifidelium qui ad Nos non ita de facili recurrere possent com-
moditate et animarum suarum salute, per alias nostras litteras
prout in illis latius continetur, concessimus facultatem.

　　h) *De applicatione indulgentiae ad animas in purgatorio
existentes* — Et ut animarum salus eo tempore potius procuretur,
quo magis aliorum egent suffragiis et quominus sibi ipsis profi-
cere valent, auctoritate apostolica, de thesauro sanctae Romanae
Ecclesiae animabus in purgatorio existentibus quae per caritatem
ab hac luce Christo unitae decesserint et quae, dum viverent,
sibi ut huiusmodi indulgentiae suffragarentur, meruerint, paterno
affectu, quantum cum Deo possumus, succurrere cupientes, de
divina misericordia ac potestatis apostolicae plenitudine, volumus et concedimus, ut si qui parentes et amici, aut ceteri christifideles pietate commoti pro ipsis animabus purgatorio igni pro
expiatione poenarum eisdem secundum divinam iustitiam debitarum expositis, dicto Iubilaei anno durante, pro reparatione basilicae praedicti S. Petri aliquam eleemosynam iuxta dictorum
poenitentiariorum vel alicuius eorum ordinationem dictas basili-

cas et ecclesias, modo praedicto, devote visitando, in capsa in
eadem basilica S. Petri deputata posuerint, ipsa plenissima indulgentia per modum suffragii ipsis animabus in purgatorio existentibus, pro quibus dictam eleemosynam pie erogaverint, pro
plenaria poenarum relaxatione suffragetur.

i) *Adhortatio* — Praeparent ergo omnes christifideles
corda sua Domino, et mores in melius commutare conentur, a
malefactis abstineant, satisfaciant Domino per poenitentiae dolorem, per humilitatis spiritum, per contriti cordis sacrificium,
cooperantibus eleemosynis et peregrinationibus, ut basilicas et
ecclesias praedictas, in quibus mille et fere innumerabilia fidei
pignora una cum ipsis gloriosissimis apostolis Petro et Paulo
requiescunt, qui mortem pro Christi nomine perpessi, eius aspec-
tui semper assistunt devote visitantes et confessi ipsos gloriosis-
simos apostolos et sanctos intercessores ad Dominum habere, et
plenissimam indulgentiam huiusmodi et reconciliationem cum
ipso piissimo Redemptore nostro per divinam misericordiam, et
eorumdem apostolorum et sanctorum precibus et meritis, perque
eorum bona opera consequi mereantur. Amen.

Nulli ergo etc. Si quis etc.

Datum Romae, apud S. Petrum, anno Incarnationis Dominicae MID, XIII Kalendas Ianuarii, pontificatus nostri VIII.

VIII 4. ALEXANDER VI « Pastoris aeterni qui » 20 Dec.
1499: *Concessio facultatis poenitentiariis basilicae S.
Petri et inhibitio ne alii confessores praesumant absolvere praetextu facultatum quarumcumque.*

Alexander episcopus servus servorum Dei, ad futuram rei
memoriam.

a) *Essentia Iubilaei* — Pastoris aeterni, qui pro salute
gregis dominici in pretium immolari non abnuit, vices (licet immeriti) gerentes in terris, et gregem ipsum Nobis divina dispen-
satione commissum paterna consideratione conspicientes, et
de animarum singulorum fidelium salute sollicite cogitantes, illarumque periculis occurrentes, ad ea libenter intendimus et debemus, per quae fidelium eorumdem salus animarum valeat procu-

rari, ipsique fideles hoc sacro anno Iubilaei ad almam Urbem
pro consequenda indulgentia pro suorum expiatione peccatorum
concessa confluentes, et alii in dicta Urbe commorantes et residentes illius capaces facilius et liberius, Deo propitio, effici possint, sane provide considerantes instantem annum Iubilaei remissionis et gaudii et reconciliationis humani generis nostro piissimo Redemptori esse verum illum centesimum annum, qui ab
ipsa primaeva ordinatione fuerat institutus, et in quo omnes quibuscumque etiam gravissimis delictis obnoxii, vere poenitentes
et confessi, visitantes beatorum Petri et Pauli apostolorum basilicas et Lateranensem et beatae Mariae Maioris de dicta Urbe
ecclesias illarumque maiora altaria in quibus videlicet beatorum
Petri et Pauli et apostolorum basilicis corpora gloriosa et in ecclesia Lateranensi capita eorum recondita conservantur, ob passionem Domini nostri Iesu Christi et eorumdem apostolorum,
aliorumque martyrum et sanctorum merita plenissimam omnium
peccatorum indulgentiam consequantur, et propterea a cunctis
fidelibus non immerito maiori devotione ac frequentia celebrandus.

    b) *Concessio facultatis poenitentiariis basilicae S. Petri
quoad casus reservatos* — Volentesque ut christifideles ad Urbem ipsam de diversis mundi partibus, pro consequenda huiusmodi plenissima indulgentia confluentes, ceteri in illa commorantes et residentes eamdem indulgentiam facilius valeant promereri, et ne defectu potestatis absolvendi illos, qui aliquibus
casibus Nobis et Sedi apostolicae reservatis irretiti forent, illorum animae illaqueatae remaneant, debite providere ipsorumque
(cum semper ad Nos in dictis casibus reservatis recursus habere
nequeant), commoditati et animarum suarum saluti paterna caritate consulere, dilectis filiis infrascriptis poenitentiariis in dicta
basilica Principis apostolorum deputatis de quorum providentia,
integritate et solertia in his et aliis gerimus in Domino fiduciam
specialem omnes et singulos utriusque sexus christifideles ad
dictam Urbem pro consequenda dicta plenissima indulgentia confluentes, et alios in dicta Urbe commorantes et residentes, qui
irretiti forent aliquibus casibus Nobis et dictae Sedi reservatis, in litteris quae in die Coenae Domini singulis annis publicari consuerunt contentis, quorum etiam talibus prae-

sentibus specialem oporteret facere mentionem, conspirationis in personam vel statum Romani Pontificis, seu Sedem praedictam, falsitatis litterarum, supplicationum et commissionum apostolicarum, delationis armorum et aliorum prohibitorum ad partes infidelium, iniectionis manuum violentarum in episcopos et alios praelatos superiores casibus dumtaxat exceptis, ad effectum ipsam plenissimam indulgentiam consequendi, et dicto anno Iubilaei durante, in foro conscientiae absolvendi, eisque poenitentiam salutarem iniungendi plenam, liberam et omnimodam, auctoritate apostolica et ex certa scientia, tenore praesentium concedimus facultatem;

c) *Inhibitio ne alii confessores praesumant absolvere praetextu facultatum quarumcumque* — quibusvis aliis confessoribus saecularibus et religiosis in dicta Urbe et extra muros illius et illuc ubilibet existentibus, quascumque facultates in dictis casibus reservatis absolvendi a Nobis et Sede praedicta, verbo vel scriptis forsan obtinentibus, et si in eis caveretur expresse, quod illis nullatenus, vel nonnisi sub certis expressis modo et forma aut conceptione, vel expressione verborum derogari possent, ne aliquam, dicto anno durante, facultatem praedictarum praetextu in dictis casibus reservatis absolvere quoquo modo praesumant, sub excommunicationis et anathematisationis latae sententiae poena, quam contrafacientes eo ipso incurrant, et a qua nonnisi a Nobis et successoribus nostris Pontificibus Romanis canonice intrantibus, praeterquam mortis articulo constituti, absolvi possint quibuscumque si inobedientes fuerint, ut praefertur, praedicationis, lectionis, admonitionis, sacramentorum et audiendi confessiones, officia interdicimus, districtius inhibentes, praedicentes et declarantes aperte transgressoribus et contemptoribus praedictis, Nos gravius contra eos spiritualiter et temporaliter processuros et nihilominus quidquid egerint absolvendo, vel alias nullius sit roboris vel momenti, non obstantibus praemissis constitutionibus et ordinationibus apostolicis ceterisque contrariis quibuscumque;

d) *Adhortatio* — studeant igitur omnes christifideles, ut tenentur, hoc sacro anno Iubilaei, corda sua Altissimo praeparare moresque et vitam in melius commutare, ab illicitis desistere per humilitatis spiritum, per contriti cordis sacrificium, cooperantibus eleemosynis et peregrinationibus satisfacere, ut basilicas et

ecclesias praedictas visitantes, devote, vere poenitentes et confessi ipsam plenissimam anni Iubilaei indulgentiam et reconciliationem cum piissimo Redemptore nostro per eorum merita ac
bona opera consequi mereantur.

e) *Nomina poenitentiariorum* — Nomina vero dictorum
poenitentiariorum sunt haec, videlicet: Franciscus episcopus Mi-
lopotamensis; Riccardus Trapp in artibus et theologia magister;
Paulus de Curte Ordinis Praedicatorum, professor, etiam in artibus et theologia magister; Claudius Cathelini, Ordinis Fratrum
Eremitarum S. Augustini, professor, etiam in theologia magister; Ioannes de Malaleone Ordinis Minorum, professor, etiam
in theologia magister; Andreas Ondorp, canonicus Leodicensis,
decretorum doctor atque etiam in artibus et theologia magister;
Augustinus de Castello eiusdem Ordinis Fratrum Eremitarum
S. Augustini, professor, etiam in theologia magister; Philippus
de Brodrog, archidiaconus ecclesiae Strigoniensis, etiam decretorum doctor et in artibus magister; Stanislaus Selig Cracovien-
sis, similiter decretorum doctor; omnes in dicta basilica Principis apostolorum poenitentiarii.

Nulli ergo etc. Si quis etc.

Datum Romae, apud S. Petrum, anno MID, XIII Kalendas
Ianuarii, pontificatus nostri anno VIII.

IX 1. CLEMENS VII « Inter sollicitudines » 17 Dec. 1524:

*Indictio universalis Iubilaei anni millesimi quingentesi-
mi vigesimi quinti.*

Clemens episcopus servus servorum Dei, ad futuram rei
memoriam.

a) *Essentia Iubilaei* — Inter sollicitudines et curas Nobis
incumbentes, ad ea potissimum nostrae mentis destinamus affec-
tum, per quae universi christifideles, etc. (vide: VIII 3 a).

b) *Invitatio ad fideles* (vide: VIII 3 b).

c) *Indictio Iubilaei* — Nos qui eiusdem beati Petri meritis licet imparibus, successores sumus, et per alias diversas litteras nostras plenissimam dicti anni Iubilaei indulgentiam, litterasque eorumdem praedecessorum nostrorum desuper emanatas,
de fratrum nostrorum consilio approbavimus, et innovavimus,

ipsumque añnum Iubilaei, a primis vesperis vigiliae Nativitatis
Domini nostri Iesu Christi incipere, et ut sequitur, finire voluimus,

d) *De suspensione aliarum indulgentiarum* — ac omnes et
singulas indulgentias plenarias, etiam ad instar Iubilaei, ac etiam
commutandi vota, necnon super eis, et male ablatis et incertis,
et per usurariam pravitatem, vel alium illicitum modum extortis,
dispensandi, et componendi, aut illas sub certis modo et forma
remittendi, et deputandi confessores cum potestate absolvendi,
etiam in casibus apostolicae Sedi reservatis, facultates, concessiones, et indulta a Nobis vel apostolica Sede, quibuscumque
ecclesiis, monasteriis, hospitalibus, et piis locis, universitatibus,
fraternitatibus in perpetuum, vel ad certum tempus, in vita seu
mortis articulo, quovis modo aut ex quavis causa, quomodolibet
concessas et concessa, et in futurum forsan concedendas et concedenda, de simili consilio, ad nostrum et dictae Sedis beneplacitum suspendimus,

e) *De Portis Sanctis aperiendis* — omnibus et singulis
utriusque sexus christifidelibus, tenore praesentium nuntiandum
duximus, prout nuntiamus, quod proxime die sabbati, qui erit
vigilia Nativitatis eiusdem Domini nostri Iesu Christi in primis
vesperis dictae vigiliae, accedemus ad basilicam eiusdem beati
Petri, et Portam eiusdem basilicae anno Iubilaei aperiri solitam,
pro maiori fidelium devotione, astantibus venerabilium fratrum
nostrorum, S. R. E. cardinalium collegio, ac maxima praelatorum, cleri, et populi multitudine, propriis manibus aperiemus,
faciemusque aperiri alias basilicae sancti Pauli ac Lateranensis
et B. Mariae Maioris de dicta Urbe ecclesiarum Portas, etiam
de more, Iubilaei anno aperiri consuetae.

f) *De conditionibus indulgentiae* — g) *De legitime impeditis* — h) *De facultatibus quoad casus reservatos* — i) *De applicatione indulgentiae ad animas defunctas* — k) *Adhortatio* (vide: VIII 3 e f g h i).

Nulli ergo etc. Si quis etc.

Datum Romae, apud Sanctum Petrum, anno Incarnationis
Dominicae MDXXIV, XVI Kalendas Ianuarii, pontificatus nostri anno II.

X 1. IULIUS III « SI PASTORES OVIUM » 24 FEBR. 1549: *Indictio anni Iubilaei cum quarumcumque aliarum plenariarum indulgentiarum extra almam Urbem suspensione.*

Iulius episcopus servus servorum Dei, ad perpetuam rei memoriam.

a) *De salute universorum christifidelium animarum.* — Si pastores ovium pro gregis sui custodia diu noctuque ad solem et gelu vigilant, ne qua ex eis aut errando pereat aut ferinis laniata morsibus deficiat, quanta cura Nos qui pastores animarum promissione divina facti sumus, circumspicere oportet, ut susceptum pastorale officium circa custodiam dominicarum ovium ita exerceamus, quod negligentiae aut desidiae argui nequeamus, sed potius vigilae mentis nostrae aciem intendisse dicamur, ut universorum christifidelium animarum saluti spiritualium gratiarum donis praesertim in sancto Iubilaei ac gaudii et peccatorum remissionis anno salubriter consuleretur, ipsique christifideles aeterna beatitudinis praemia divini favoris suffragante praesidio consequentur?

b) *Bonifacius VIII Iubilaeum quolibet centesimo anno concessit* — c) *Clemens VI ad annum quinquagesimum Iubilaeum reduxit* — d) *Gregorius XI statuit etiam visitari ecclesiam beatae Mariae Maioris* — e) *Urbanus VI Iubilaeum celebrari praecepit quolibet anno trigesimo tertio* — f) *Martini V approbatio* — g) *Nicolai V confirmatio* — h) *Paulus II Iubilaeum ad annum vigesimum quintum reduxit* (vide: VII 1 b c d e f g h) — Ac rogans (Paulus II) attente universos fideles, qui rationem veritatis attingere poterant, ut meritoriis operibus peccata sua omni ex parte studerent expiare, ut saltem per haec media et largitionem remissionum et indulgentiam huiusmodi, quibus christifideles omnes veluti data manu ad salutem perpetuam invitarentur, necnon sanctorum meritis et intercessionibus adiuti ad aeternam mererentur beatitudinem pervenire.

i) *Sixti IV confirmatio* — Et successive sanctae memoriae SIXTUS IV universorum fidelium animarum saluti pariformiter consulere cupiens, litteras PAULI praedecessoris huiusmodi cum illarum de verbo ad verbum insertione per suas litteras de simili fratrum suorum consilio innovavit, approbavit et confir-

mavit suique scripti patrocinio communivit annumque Iubilaei
praedictum a vigilia Nativitatis praedictae anni millesimi qua-
dringentesimi septuagesimi quarti, quoad plenarias indulgentias
antedictas ab ipsis fidelibus consequendas incipere, et iuxta litterarum PAULI praedecessoris huiusmodi continentiam et tenorem finire, et indulgentias ipsas revolutis singulis viginti quinque
annis viam ac vigorem perpetuos obtinere decrevit, ipsasque indulgentias et peccatorum remissiones ad abundantem cautelam
utriusque sexus fidelibus praedictis iuxta litterarum PAULI praedecessoris huiusmodi tenorem etiam de novo concessit et elar-
gitus fuit.

　　k) *Alexandri VI approbatio* — Et subsequenter similis.
memoriae ALEXANDER VI eoremdem praedecessorum vestigiis
inhaerendo plenissimam dicti anni Iubilaei peccatorum remissionem litterasque eorumdem praedecessorum suorum desuper emanatas de fratrum suorum consilio approbavit et innovavit.

　　l) *Clementis VII approbatio* — Et postremo felicis com-
memorationis CLEMENS papa VII Romanus Pontifex etiam praedecessor noster litteras PAULI et SIXTI ac ALEXANDRI praedecessorum huiusmodi eadem auctoritate, de fratrum suorum consilio, dicta auctoritate apostolica approbavit et innovavit annumque Iubilaei praedictum a vigilia Nativitatis huiusmodi anni tunc
currentis millesimi quingentesimi vigesimi quarti incipere, et
iuxta litterarum PAULI praedecessoris huiusmodi continentiam
et tenorem finire decrevit et declaravit, prout in diversis eorundem praedecessorum super praemissis confectis litteris plenius
continetur.

　　m) *Pauli III intentio et mors* — Cum autem similis com-
memorationis PAULUS papa III similiter praedecessor noster,
dum adveniente praesenti anno litteras PAULI et SIXTI praedecessorum huiusmodi, de fratrum suorum consilio de quorum numero tunc eramus, approbare et innovare, ac annum Iubilaei
huiusmodi publicare intendit, sicuti Domino placuit, rebus fuerit
humanis exemptis,

　　n) *Hic modo Pontifex Iubilaeum indicit* — Nos qui divina
disponente clementia ipsius PAULI III successores facti vices
Christi licet immeriti gerimus in terris, cupientes cunctos fideles
populos nostrae vigilantiae creditos hoc sacro Iubilaei anno in-

dulgentias a Romanis Pontificibus praedecessoribus nostris, ut
praefertur, concessas pro suorum expiatione peccatorum per-
mereri, ac sanctorum precibus aliisque piis operibus adiutos sarcina peccatorum deposita sanctorum eorumdem suffragiis, ad in-
deficientis beatitudinis visionem feliciter pervenire, et volentes
id solerter intendere, eorundem praedecessorum vestigiis inhaerentes, singulas litteras PAULI et SIXTI praedecessorum huiusmodi dicta auctoritate apostolica tenore praesentium approbamus et innovamus ac praesentis scripti patrocinio communimus,
annumque Iubilaei praedictum a vigilia Nativitatis Domini nostri
Iesu Christi proxime praeterita incepisse, et iuxta litterarum
PAULI II huiusmodi continentiam atque tenorem finire debere
decernimus et declaramus.

o) *Suspensio indulgentiarum* — Et ne propter aliarum indulgentiarum hactenus a Nobis seu praedecessoribus nostris
emandatarum concessionem populorum concursus ad basilicas
beatorum apostolorum Petri et Pauli, qui mortem pro Christi nomine perpessi eius conspectui semper assistunt et quorum corpora in eisdem basilicis requiescunt, ac Lateranensem et beatae
Mariae Maioris ecclesias praedictas retardentur, aut huius sanctae remissionis et gratiae anni Iubilaei celebritas minuatur et
fideles Christi tanti muneris reddantur expertes, omnes et singulas indulgentias plenarias etiam ad instar Iubilaei, ac commutandi vota, necnon super eis, et male ablatis et incertis, et per
usurariam pravitatem, vel alium illicitum modum extortis dispensandi et componendi, aut illa sub certis modo et forma remittendi, et deputandi confessores cum potestate absolvendi, et
indulta a Nobis vel eadem Sede seu illius auctoritate quibuscumque ecclesiis, monasteriis, hospitalibus, piis locis, universitatibus et confraternitatibus quibuslibet tam in perpetuum quam
ad certum tempus in vita seu mortis articulo quovismodo aut
quavis causa quomodolibet concessas et concessa, et in posterum
forsan concedendas et concedenda, apostolica auctoritate et tenore praedictis de apostolicae potestatis plenitudine vique ad
nostrum et eiusmodi Sedis beneplacitum suspendimus, illasque
durante huiusmodi beneplacito suspensas esse, nec interim alicui
suffragari volumus indulgentiis tantum basilicarum et ecclesiarum dictae Urbis in suo plenario robore duraturis, districtius

inhibentes alias quam anni Iubilaei huiusmodi indulgentias in locis publicis vel privatis praedicari aut nuntiari, seu earum praetextu a quaestoribus aliquid exigi quoquomodocumque quaestores et praedicatores quoscumque per locorum ordinarios a praedicationibus et quaestis huiusmodi faciendis, volumus et mandamus praesentium auctoritate coerceri sub censuris et poenis ecclesiasticis, de quibus eis visum fuerit opportunum.

Ut autem praesentes litterae ad omnium notitiam deduci possint volumus etiam et mandamus illas in valvis basilicae Principis apostolorum et ecclesiae Lateranensis huiusmodi affigi, ac illarum transumptis manu publici Notarii inde rogati subscriptis, et sigillo alicuius praelati sive alterius personae in dignitate ecclesiastica constitutae munitis eam prorsus indubiam fidem adhiberi, quam praesentibus adhiberetur si essent exhibitae vel ostensae.

Nulli ergo etc. Si quis etc.

Datum Romae, apud Sanctum Petrum, anno Incarnationis Dominicae MDIL, VI Kalendas Martii, pontificatus nostri anno I.

XI 2. GREGORIUS XIII « DOMINUS AC REDEMPTOR » 10 MAI.
1574: *Indictio universalis Iubilaei anni millesimi quingentesimi septuagesimi quinti.*

Gregorius episcopus servus servorum Dei, ad futuram rei memoriam.

a) *De thesauro meritorum in Ecclesia* — Dominus ac Redemptor noster Iesus Christus, qui pro ineffabili caritate sua servi formam accipiens, acerbissimam crucis mortem subire dignatus est, ut Deo Patri genus humanum reconciliaret atque in sortem hereditatis aeternae vocaret, volens nostrae plenius succurrere imbecillitati, et donum hoc pretiosissimo ipsius sanguine acquisitum copiosius communicare, ne lapsis post regenerationis lavacrum opportunum eiusdem divinae misericordiae deesset subsidium, beato Petro apostolorum Principi eiusque deinceps successoribus suis in terris Vicariis Sanctae Catholicae Romanae Praepositis Ecclesiae (quae ceterarum omnium caput, mater et

magistra est) potestatem dimittendi peccata plenissimam reliquit,
ac thesauro praeterea immenso meritorum eiusdem passionis
(cui etiam gloriosissimae semper Virginis Mariae omniumque
sanctorum merita accedunt) idcirco ditavit ecclesiam sponsam
suam, eumque praedictis beato Petro et successoribus dispensandum commisit, ut eo ceteri fideles pro temporalibus poenis ex re-
missis culpis saepius remanentibus ad satisfaciendum adiuti ad
percipiendos coelestis gratiae fructus expeditiores redderentur.

b) *De Iubilaeo apud praedecessores* — Quarum rerum
consideratione adducti, divinaeque bonitatis exuberantia confisi
Romani Pontifices praedecessores nostri, animarumque saluti toto
animi sensu prospicientes, pro facultate dispensandi thesaurum
praedictum illis credita, sanctum Iubilaeum statis annis, priores
quidem longioribus intervallis, alii vero brevioribus, et posterio-
res vigesimo quinto quoque anno celebrandum decreverunt, quo
scilicet tempore idem Ecclesiae thesaurus ad salutarem eorum
laetitiam depromeretur, qui ea causa almam inviserent Urbem,
quam praedictus Princeps apostolorum et Doctor gentium, tot-
que deinceps Christi martyres suo sanguine consecrarunt.

c) *Indictio Iubilaei* — Quocirca nos dictorum praedecessorum pium saluberrimumque institutum secuti, de fratrum nostrorum assensu, Iubilaei celebrationem proxime sequenti anno
millesimo quingentesimo septuagesimo quinto a primis vesperis
quae vigilia est diei festi proxime futuri Nativitatis Domini nostri Iesu Christi incipiendam et per totum annum ipsum finiendam universo christiano populo quanto maiore possumus animi
gaudio indicimus.

d) *De conditionibus indulgentiarum* — Quo quidem anno
durante qui vere poenitentes et confessi beatorum Petri et Pauli
apostolorum basilicas et sancti Ioannis Lateranensis ac sanctae
Mariae Maioris in Urbe ecclesias triginta continuis vel inter-
missis diebus semel saltem in die, si Romani vel Urbis incolae
fuerint, si vero peregrini quindecim diebus devote eodem modo
visitaverint, ac pro ipsorum totiusque christiani populi salute
pias ad Deum preces fuderint, plenissimam omnium peccatorum
suorum indulgentiam et remissionem, quemadmodum etiam praedecessores nostri concesserunt, consequentur. Et qui post iter ad
Urbem huius devotionis causa susceptum, illud perficere ob ali-

quod: legitimum impedimentum non potuerint, aut in morbum inciderint, et sive in via sive in Urbe ipsa ab humanis excesserint
vere poenitentes et confessi, hos quoque pro eorum pia ac prompta voluntate ipsius indulgentiae ac doni participes fieri volumus.

e) *Adhortatio ad fideles* — Monemus itaque et hortamur
omnes christifideles, qui sacro huic coetui interesse poterunt, ut
humanae vitae miserias, saeculi huius vanitatem, dierumque paucitatem, qua ad mortem et districti examinis diem assidue properamus, contra vero immensa coelestis vitae gaudia, summam
felicitatem, perpetuam aeternamque beatitudinem attente considerantes, et animo revolventes, ita conscientias suas examinare et
ab omnium peccatorum vitiorumque maculis, et sordibus purgare
studeant, simulque bonis et sanctis operibus atque orationi adeo
intenti sint, ut tanti huius gaudii et ecclesiasticorum munerum
largitionis vere participes fieri, et in altero postea saeculo praemium uberrimum consequi mereantur.

f) *Adhortatio ad praelatos* — Quare mandamus omnibus
patriarchis, archiepiscopis, episcopis, ceterisque ecclesiarum
praelatis, ut suos quisque populos diligenter curent ea omnia
edocendos, quae ad remissionis et indulgentiae praedictae adipiscendae praeparationem fuerint opportuna, debita in eos pietatis
et misericordiae opera exercendo.

g) *Adhortatio ad principes* — Rogamus quoque in Domino carissimum in Christo filium nostrum Maximilianum Romanum Regem in Imperatorem electum, ac reges et principes
omnes christianos, quo magis merita ipsorum in fovenda hac
peregrinantium pietate apud Deum crescant, et tanti tamque
boni operis participes efficiantur, ut viarum securitati ad eorundem peregrinorum commodum perspicere, egentibusque beneficentia et eleemosynis succurrere velint.

Ut autem praesentes litterae in omnium notitiam facilius
perferantur, volumus etc.

Nulli ergo etc. Si quis etc.

Datum Romae, apud Sanctum Petrum, anno Incarnationis
Dominicae MDLXXIV, VI Idus Maii, pontificatus nostri
anno II.

XII 1. CLEMENS VIII « Annus Domini placabilis » 19
Mai. 1599: *Indictio universalis Iubilaei pro anno
MDC, quo conceditur plenaria remissio peccatorum visitantibus basilicas Ss. Petri et Pauli apostolorum,
ac S. Ioannis Lateranensis et beatae Mariae Maioris
de Urbe.*

Clemens episcopus, servus servorum Dei, universis christ fidelibus praesentes litteras inspecturis salutem et apostolicam benedictionem.

a) *Annus centesimus Iubilaei ex antiquo ritu institutus* —
Annus Domini placabilis, annus remissionis et veniae, filii in
Christo dilectissimi, iam Dei munere appropinquat; iam tempus
acceptabile et dies aeternae salutis adveniunt, ad redimenda peccata, ad salvandas animas. Annus christiano populo in primis
optabilis et iucundus sanctissimi Iubilaei iam prope adest,
qui a salutifero partu beatae Dei Genitricis et semper Virginis Mariae sexcentesimus supra millesimum numeratur, tanto
maiori fidelium gaudio et frequentia in alma hac Urbe de more
celebrandus, quanto expressius atque efficacius suam primariam
originem repraesentat. Nam, quemadmodum veteri traditione et
maiorum monumentis testatum est, antiquissimo Romanae Ecclesiae instituto, per decurrentes saeculorum aetates, hoc est, singulis centenis annis, a Christi Domini et Salvatoris nostri Natali,
amplissimae peccatorum indulgentiae et remissiones propositae
erant iis, qui sacra beatorum apostolorum limina pie ac devote
visitarent.

b) *Hanc institutionem Bonifacius VIII confirmavit, et
alii dictum tempus contraxerunt* — Quam sane vetustam institutionem anni centesimi, non vana gentilium superstitione, sed
religioso cultu et christianorum concursu Romae celebrandi, felicis recordationis Bonifacius papa VIII, praedecessor noster,
suo apostolico decreto, ad certitudinem praesentium et memoriam
futurorum, confirmavit. Ac licet alii Summi Pontifices praedecessores item nostri, qui postea sunt consecuti, intra angustiores
annorum limites, propter vitae humanae brevitatem, Iubilaei celebrandi spatium contraxerint; ipsa tamen centenarii celebratio,
ob antiquae traditionis primordia, in primis insignis non imme-

rito existimatur. Et revera divino consilio factum videtur, ut
postremo cuiusvis saeculi anno, quod longissimum etiam humanae vitae spatium censetur, in ipsa arce et domicilio christianae
religionis, tanti beneficii memoria a cunctis fidelibus recolatur;
quod scilicet ad omnes illuminandos sol iustitiae Christus Deus
noster, qui humano generi salutem attulit, ex utero Virginis ex-
pressus est, ex eo etiam, quod christiani universi ad Petri Sedem,
et ad fidei petram, tamquam filii ad patrem et oves ad pastorem
summum, simul confluunt, tanto magis unius ovilis et unius pastoris unitas appareat, et unius fidei splendor latius elucescat,
quae nullo saeculorum decursu, nulla temporum varietate im-
mutata est, sed semper eadem a fidelibus populis incorrupta, atque inviolata professione retinetur; membra quoque suo visibili capiti tanto arctius caritatis glutine connexa mundus agnoscat;
et denique idem ille spiritus unitatis, quo sola Ecclesia catholica,
eiusque corpus admirabiliter compactum et coagmentatum est,
tanto illustrius declaretur, dum veluti ab universitate populi christiani, in ipsa unitatis parente Romana Ecclesia, statis temporibus, annus unus, sanctus iure optimo nominatus, summa religione rituque solemni celebratur.

c) *Clemens celebrationem dicti Iubilaei annuntiat pro anno MDC, atque omnes ad eius acquisitionem hortatur* — Hunc
autem annum vere sanctum, annum Domini acceptum et placabilem, quo homines poenitentiam agerent, et ad Deum et Patrem
misericordiarum in corde perfecto converterentur, primus mundo
annuntiavit ipse vitae et salutis nostrae auctor Iesus Christus
Filius Dei, quem Pater unxit Spiritu Sancto, et omni super eum
gratiae plenitudine effusa, misit illum evangelizare pauperibus,
et mansuetis mederi, et sanare contritos corde, praedicare captivis indulgentiam et remissionem, clausis aperitionem, et caecis
visum. Et Nos etiam qui, licet humiles et indigni, vices tamen
Christi Domini in terris, ipso ita disponente, gerimus et tenemus,
ex hac sublimi apostolicae vigiliae specula, vobis universis christifidelibus annuntiamus, indicimus, evangelizamus hunc eundem annum Iubilaei verae poenitentiae et spiritualis laetitiae. Et
quia caritas Christi, pro quo legatione fungimur ad omnes gentes, urget Nos, et zelus salutis animarum comedit cor nostrum;
hortamur et obsecramus omnes per aspersionem sanguinis Iesu

Christi, et per adventum Eius, et diem tremendi iudicii, ut sacro potissimum Iubilaei tempore convertatur unusquisque a via sua mala, et revertatur ad Dominum in corde puro, et conscientia bona, et fide non ficta ; quia clemens et misericors est Deus noster, et multae miserationis, et praestabilis super malitia. Dum vero ex nostro pastoralis officii munere carissimos in Christo filios nostros, imperatorem electum, reges et principes catholicos, et omnes christifideles toto terrarum orbe, in remotissimis etiam provinciis et regionibus commorantes, ad Iubilaei huius sanctam et iucundissimam in Domino celebritatem, summo cum gaudio vocamus atque invitamus.

    d) *Misertur Papa super illos qui, post ultimum Iubilaeum, e gremio catholicae Ecclesiae exierunt* — Eodem plane tempore acerbissimi doloris sensu vehementissime commovemur, mente atque animo recogitantes, quam multae nationes et populi se ipsos miserabiliter abscinderint ab unitate et communione catholicae et apostolicae Ecclesiae ; qui proximo superiori centenario in ipsa una catholica et apostolica Ecclesia Romana, nobiscum unanimes et cum consensu in domo Domini ambulantes, sanctum illius Iubilaei annum multa cum laetitia et spirituali exultatione celebrarunt ; pro quorum aeterna animarum salute vitam nostram ac sanguinem, si opus esset, libentissime effunderemus. At vos interea, filii obedientes et catholici, a Deo et a Nobis benedicti, venite, ascendite ad locum quem elegit Dominus, ad spiritualem Sion et Hierusalem sanctam, non littera sed spiritu, unde ab exordio nascentis Ecclesiae lex Domini et lux evangelicae veritatis in omnes gentes et nationes derivata est. Haec est illa felix civitas, cuius fides apostolico ore laudata annuntiatur in universo mundo ; cum ipsi beatissimi apostolorum Principes Petrus et Paulus, totam doctrinam cum sanguine profuderunt, ut per sacram beati Petri Sedem, caput orbis terrae effecta, mater esset cunctorum credentium, et magistra omnium ecclesiarum. Hic fidei petra, hic fons sacerdotalis unitatis, hic incorruptae veritatis doctrina, hic claves regni coelorum, et summa ligandi atque solvendi potestas ; hic denique thesaurus ille Ecclesiae inexhaustus sacrarum indulgentiarum, cuius custos et dispensator est Romanus Pontifex, qui eas omni quidem tempore distribuit, prout salubriter in Domino intelligit expedire, sed anno potissimum san-

cti Iubilaei pia et larga profundit manu; quando et Portae Sanctae in antiquissimis et religiosissimis huius almae Urbis basilicis et ecclesiis aperiuntur more solemni, et fideles a peccatorum
labe expurgati intrant in conspectu Domini in exultatione, ut non
iam ex veteris legis instituto, quae umbram tantum habebat futurorum bonorum, neque ex Hebraeorum consuetudine, quibus
omnia contingebant in figura, aut servi humanae servitutis iugo
constricti liberi evadant, aut in carceribus vincti dimittantur, aut
gravi aere alieno oppressi liberentur, quin etiam ad paterno-
rum bonorum possessionem redeant, terrena enim haec sunt,
fluxa et caduca.

    e) *Indictio Iubilaei* — Sed fructus anni sancti et spiritua-
lis nostri Iubilaei, illi sunt uberrimi, quod animae Christi sanguine redemptae e iugo ferreo diabolicae tyrannidis, atque ex
tetro carcere et vinculis peccatorum, divina sacramentorum efficacia, absolvuntur, et dimissis debitis ac poenis in adoptionem
filiorum Dei, et ad coelestis regni hereditatem et paradisi possessionem admittuntur, et alia quamplurima Dei beneficia acci-
piunt. Nos igitur Summorum Pontificum praedecessorum nostrorum vestigiis inhaerentes, et eorum pium ac saluberrimum institutum retinentes, de venerabilium fratrum nostrorum S. R. E.
cardinalium assensu, Iubilaei celebrationem in annum proximum
MDC, a primis vesperis vigiliae Nativitatis Domini nostri Iesu
Christi eiusdem anni MDC inchoandam et per totum annum ipsum finiendam, auctoritate Dei omnipotentis, et beatorum apostolorum Petri et Pauli ac nostra, quanto maximo possumus animi nostri gaudio, ad ipsius Dei gloriam, et catholicae Ecclesiae
exaltationem indicimus et promulgamus.

    f) *Indulgentias basilicas visitantibus proponit* — Quo
ipso Iubilaei anno durante, omnibus utriusque sexus christifidelibus vere poenitentibus et confessis, qui beatorum Petri et Pauli apostolorum basilicas, et S. Ioannis Lateranensis ac S. Mariae
Maioris de Urbe ecclesias, semel saltem in die, per triginta continuos aut intermissos dies, si Romani vel incolae Urbis fuerint,
seu per quindecim dies, si fuerint peregrini aut alias externi, devote visitaverint, et pro ipsorum fidelium ac totius christiani populi salute pias ad Deum preces effuderint, plenissimam omnium

peccatorum suorum indulgentiam, remissionem, ac veniam misericorditer in Domino concedimus et impertimur.

g) *De legitime impediltis* — Et quoniam evenire potest, ut ex iis, qui hac de causa iter aggressi fuerint, vel ad Urbem se contulerint, aliqui in via, aut etiam in ipsa Urbe, morbo vel alia legitima causa impediti, aut morte praeventi, praefinito dierum numero non completo, ac ne quidem fortasse inchoato, praemissa exequi, et dictas basilicas et ecclesias obire nequeant; Nos piae promptaeque illorum voluntati, quantum in Domino possumus, benigne favere cupientes, eosdem vere poenitentes et confessos, praedictae indulgentiae et remissionis participes perinde fieri volumus, ac si dictas Urbis basilicas et ecclesias diebus a Nobis praescriptis re ipsa visitassent. .

h) *Cunctis Ecclesiae praelatis mandat publicationem Anni Sancti* — Vos autem, venerabiles fratres nostri, patriarchae, primates, archiepiscopi et episcopi, in partem sollicitudinis nostrae vocati, duces et pastores populorum, lux mundi et sal terrae, capite tubas argenteas, quarum usus est in Iubilaeo, idest adhibete praedicationem verbi Dei, et annuntiate populis hoc gaudium, ut sanctificentur, et Dei iuvante gratia, parati sint ad ea coelestia dona capienda, quae bonorum omnium largitor Deus, filiis dilectionis suae, per ministerium humilitatis nostrae praeparavit; adducite, fratres, verbo et exemplo, parvulos ad huius carissimae Matris ubera, quae eos per evangelium in Christo genuit, adducite filios ad patrem, oves ad pastorem summum, membra ad caput, fideles ad fidei petram, in qua omnis aedificatio catholicae Ecclesiae constructa consurgit; adducite populum ad Sanctam Romanam Ecclesiam, et ad gloriosos Principes terrae Petrum et Paulum, qui universum mundum legem Domini docuerunt, et quorum fides, dignitas et auctoritas, indigno etiam in herede non deficit. Ad sacras igitur indulgentias earumque salutares fructus, ipso Iubilaei anno, Romae percipiendos, vocate coetum, congregate populum, sanctificate Ecclesiam, docete oves fidei vestrae creditas, quia advenae et peregrini sumus in hac vita, et civitatem hic permanentem non habemus, sed futuram inquirimus. Ideo quia breves dies sunt huius nostrae aerumnosae peregrinationis, et nescimus qua hora paterfamilias et

sponsus Christus venturus sit, idcirco vigilent, et lampades ardentes et plenas oleo caritatis et misericordiae gestent in manibus, et festinent ingredi in illam requiem.

i) *Hoc praecipue anno vitae sanctimoniam cunctis christifidelibus commendat* — Nam si unquam alias, nunc potissimum irae, rixae, et contentiones, et inveterata odia dimittenda propter Christum; nunc maxime servos decet misereri conservorum suorum, ut Dominus clementissimus omne debitum dimittat eis. Nunc praecipue omnes carnis impuritates abluendae, ut templum Dei mundum sit, et unusquisque vas suum possideat in honore et sanctificatione, et portet Deum in corpore suo. Postremo furta, rapinae, homicidia, et adulteria, et omnia peccata exterminanda, ut placetur ira Dei, et eos, qui christiano nomine gloriantur, agnoscat vere christianos, et imitatores Christi, et sectatores bonorum operum. Docete autem eos, quemadmodum ad salutares indulgentias consequendas, in animo contrito et in spiritu humilitatis, assiduis orationibus et ieiuniis, ceterisque pietatis operibus se ipsos praeparare, atque exercere debeant, et qui substantiam huius mundi habent, aperiant viscera sua, et fratrum suorum pauperum inopiam sublevent, praecipue vero erga peregrinos Romam venientes misericordes sint, et sanctam hospitalitatem Deo gratissimam, et quam vetustissimi illi christiani etiam inter persecutionum fluctus diligentissime coluerunt, ipsi quoque multa cum hilaritate spiritus renovent atque observent.

k) *Qua devotione sancta peregrinatio suscipienda praescribit* — Admonete etiam eos, ut orent pro regibus et principibus christianis, ut quietam et tranquillam vitam agamus, ac pax et concordia perpetuo conserventur. Postremo docete eos, cum sanctam peregrinationem susceperint, qua modestia, qua devotione, qua fraternae pacis observantia lucere eos oporteat, ut sint Christi bonus odor in omni loco. Praebete autem vos ipsos, fratres venerabiles, et omnem clerum, exemplum in primis bonorum operum et formam gregis, ut vestrae virtutis et religionis veluti sale ceteri condiantur, et omnem peccati putredinem abhorreant, et denique omnes unanimes in uno spiritu christianae caritatis, atque in omni sanctitate et iustitia Deo serviamus.

l) *Principes hortatur peregrinis ut subveniant* — Hortamur quoque et rogamus in Domino carissimos in Christo filios

nostros imperatorem electum, ac reges, et principes omnes catholicos, ut quo plura et magis illustria beneficia ab Eo, per
quem reges regnant, acceperunt, tanto ardentius, ut par est, ad
Dei gloriam procurandam pio zelo excitentur; praecipue vero
fratrum nostrorum episcoporum et superiorum antistitum pasto-
ralem sedulitatem et vigilantiam adiuvent, et a suis magistratibus
et ministris adiuvari mandent, ut improborum licentia coerceatur,
et bonorum studia eorum regia ope et gratia foveantur; maxime
autem erga peregrinos beneficentiam et liberalitatem exerceant,
curentque ut tutis incedant itineribus, et nulla hominum perdi-
torum vexatione perturbentur, sed hospitalibus domibus et publicis hospitiis amanter excepti, et commeatu et rebus ad vitam
necessariis recreati, sine ulla concussione et iniuria institutum
iter laeti peragant, et cum gaudio in patriam revertantur. His
enim hostiis reges potissimum et principes Deum sibi placabilem reddent, ut diu in terris felices vivant, et demum in aeterna
tabernacula recipiantur ab illis ipsis pauperibus, erga quos misericordiam exercuerint, in quibus Christus pascitur et nutritur.

Ut vero etc. Nulli ergo etc. Si quis etc.

Datum Romae, apud Sanctum Petrum, anno Incarnationis
Dominicae MDIC, XIV Kalendas Iunii, pontificatus nostri anno VIII.

XIII I. URBANUS VIII « Omnes gentes plaudite manibus » 29 April 1624: *Indictio Iubilaei universalis pro
anno MDCXXV.*

Urbanus episcopus servus servorum Dei, ad perpetuam rei
memoriam. Universis christifidelibus, praesentes litteras inspecturis, salutem et apostolicam benedictionem.

a) *Evangelizat appropinquantem annum sanctum ad Iubilaei celebrationem* — Omnes gentes plaudite manibus, iubilate
Deo in voce exultationis: non enim ut in veteri lege sacerdotalis
buccinae clangore, sed apostolicae vocis oraculo, sacrosanctum
Iubilaei annum, iam Regis saeculorum beneficio appropinquantem, vobis evangelizamus; annum divino cultui dicatum, ac fer-
ventioribus christianae pietatis studiis destinatum; annum re-

missionis ac veniae, tempus acceptabile, dies salutis. Licet enim
nulla excurrant tempora quae, divinae largitatis muneribus fe-
cunda, spiritualibus nos non cumulent bonis, ac numquam ad
ineffabilem Dei misericordiam, eius adspirante gratia, nobis aditus praecludatur; nihilominus tot, tantaque eo anno ad hominum
sanctificationem beneficia caelitus promanant, ut pene omnes
sacros thesauros divina munificentia in christifideles diffundere
videatur. Quapropter si quinquagesimus annus, quem Deus Moy-
sen sanctificare iussit, incredibili Hebraeorum plausu, atque
inaestimabili gaudio excipiebatur, quanto magis decet christianum orbem sacro Iubilaei anno recurrente laetari? Laboriosa eo
tempore agriculturae opera intermittebantur, nunc proprio quisque parcens labori, fructus, quos Christi Domini, Deiparae Virginis, ac sanctorum merita protulerunt, uberrimos percipit; di-
stricta tunc praedia, alienique iuris effecta recuperabantur, nunc
virtutes, dona et merita, quibus peccando merito exuimur, liberali Dei misericordia recipimus; exules tunc patriam repetebant,
nunc ad caelum, unde exulantes in hac lacrimarum valle misere pererramus, iter nobis praemonstratur et aperitur.

    b) *Principes et omnes ad illius celebrationem convocat et
invitat* — Vos igitur, catholici principes, qui tot decorum prae-
rogativis insigniti ad christianam pietatem promovendam arc-
tioribus, quam ceteri, obligationis nexibus obstricti estis, vos omnes, christifideles, quos Romana Ecclesia materno gremio com-
plectitur, ad iucundissimam sacrosancti huius Iubilaei celebrationem, paterna, quae urget Nos, caritate vocamus et invitamus, ac
quasi tuba exaltantes vocem nostram prophetica in vos oracula
convertimus, et clamamus: Audite haec, omnes gentes, auribus
percipite, qui habitatis orbem; adveniunt dies poenitentiae ad redimenda peccata, ad salvandas animas; appropinquat tempus,
quo Dei misericordia eos tandem convertat, quos sera eius ul-
ciscendi voluntas diu toleravit; humanae vitae brevitatem vobis
ipsi ob oculos proponite; cogitate, nos instar aquae dilabi, ac vitam nostram velut a texente praecidi. Et quamvis nonnulli ex Romanis Pontificibus, praedecessoribus nostris, eidem Iubilaei anno concelebrando praescriptum olim temporis spatium provide
arctantes, tam solemnem culparum remissionem, divinaeque iustitiae debitarum poenarum relaxationem intra angustiores anno-

rum limites contraxerint; nihilominus, ob paucitatem dierum nostrorum, paucis illam redituram putantes, quaeramus Dominum dum inveniri potest, invocemus eum dum prope est. Venite ergo ad locum, quem elegit Dominus, ascendite ad mysticam hanc Hierusalem, tot, tantisque a Deo beneficiis auctam, tot muneribus cumulatam, ut vere de ea dicatur fluminis impetum laetificare civitatem Domini, caelestium nempe fluminis gratiarum, cuius opportuna irrigatione fidelium animae fecundantur. Venite et afferte Domino gloriam nomini eius, adorate Dominum in atrio sancto eius. Hic, filii dilectissimi, vere confitebimini Deo in Ecclesia magna, in populo gravi laudabitis eum; quandoquidem haec est ceterarum ecclesiarum Magistra, prima catholicae religionis Sedes, Mater credentium, orbis caput, vertex rerum. Quapropter et caelestes benedictiones, quas sititis, hic non ex rivulis petetis, sed haurietis aquas in gaudio de fontibus Salvatoris, aquas videlicet saluberrimas, quibus haustis, efficietur in vobis fons aquae salientis in vitam aeternam.

    c) *Indictio Iubilaei* — Haec igitur Nos prae oculis atque in votis habentes, Romanorumque Pontificum, praedecessorum nostrorum, vestigiis inhaerentes, et eorum pium ac saluberrimum institutum retinentes, de venerabilium fratrum nostrorum S. R. E. cardinalium assensu, Iubilaei celebrationem in annum proximum MDCXXV, a primis vesperis vigiliae Nativitatis Domini nostri Iesu Christi proxime futurae inchoandam, et per totum annum ipsum finiendam, auctoritate Dei omnipotentis et beatorum apostolorum Petri et Pauli ac nostra, quanto maximo possumus animi nostri gaudio, ad ipsius Dei gloriam et catholicae Ecclesiae exaltationem indicimus et promulgamus.

    d) *Indulgentias basilicas visitantibus proponit* —Quo ipso... qui ecclesiam Lateranensem, B. Petri et Pauli apostolorum ne'non S. Mariae Maioris de Urbe basilicas, semel saltem in die per triginta continuos aut interpolatos dies, si Romani vel incolae Urbis, si vero peregrini aut alias exteri fuerint, per quindecim saltem dies devote visitaverint, etc. (vide: XII 1 f).

    e) *De legitime impeditis* (vide: XII 1 g).

    f) *Cunctis Ecclesiae praelatis mandat publicationem Anni Sancti* — Vos autem, venerabiles fratres nostri, patriarchae, primates, archiepiscopi et episcopi, in partem sollicitudinis nostrae

vocati, capite tubas argenteas, quarum usus est in Iubilaeo, adhibete praedicationem verbi Dei, et praenuntiate populis gaudium magnum, ut sanctificentur, et Dei iuvante gratia parati sint ad ea caelestia dona capienda, quae bonorum omnium largitor Deus filiis dilectionis suae per ministerium humilitatis nostrae praeparavit. Ad caelestia munera in hac Urbe percipienda vocate coetum, congregate populum, santificate Ecclesiam, docete oves fidei vestrae creditas, quia advenae et peregrini sumus in hac vita et civitatem hic permanentem non habemus, sed futuram inquirimus.

     g) *Hoc praecipue anno vitae sanctimoniam cunctis christifidelibus commendat* — Docete omnes, si unquam alias, nunc potissimum iras, rixas, contentiones, et inveterata odia extinguenda propter Christum; nunc praecipue omnes carnis sordes esse detergendas, ut templum Dei mundum sit, et unusquisque vas suum possideat in honore et sanctificatione, et portet Deum in corpore suo. Docete eos nunc maxime scelera detestanda esse, dandamque operam, ne quis christiano nomine abutatur. Docete, sacros indulgentiarum thesauros lucrandi spem omnem inanem esse, nisi quis contrito et humiliato corde se ipsum praeparare, et christianis operibus exercere studeat. Qui autem divitiis abundant, aperiant viscera sua, fratrum suorum pauperum inopiam sublevent, praecipue vero erga peregrinos Romam venientes misericordes sint, et sanctam hospitalitatem Deo gratissimam, et quam vetustissimi illi christiani etiam inter persecutionem fluctus diligentissime coluerunt, ipsi quoque multa hilaritate spiritus renovent, atque observent, faciantque sibi amicos de mammona iniquitatis, ut recipiantur in aeterna tabernacula.

     h) *Qua devotione sancta peregrinatio suscipienda praescribit* — a) *Principes hortatur peregrinis ut subveniant* (vide: XII 1 k l).

     Ut vero etc. Nulli ergo etc. Si quis etc.

     Datum Romae, apud S. Petrum, anno Incarnationis Dominicae MDCXXIV, III Kalendas Maii, pontificatus nostri anno I.

XIV 1. INNOCENTIUS X « Appropinquat dilectissimi filii » 4 Mai. 1649 : *Indictio universalis Iubilaei anni
sancti MDCL.*

Innocentius episcopus servus servorum Dei, universis christifidelibus, praesentes litteras inspecturis, salutem et apostolicam benedictionem.

a) *Invitatio* — Appropinquat, dilectissimi filii, continuis
expetitus bonorum votis annus a Partu Virginis quinquagesimus supra millesimum sexcentesimumque, ad quem in hac Urbe
sanctitatis regia celebrandum (ex veteri Ecclesiae ritu, quem
Bonifacius papa VIII, praedecessor noster, intra saeculi spatium, sive institutor, sive instaurator inclusit, ac alii deinde
Romani Pontifices, praedecessores quoque nostri, in breviores
annorum circulos, quo pluries fruerentur, Iubilaei solemnia re-
degerunt) Nos eadem fulti auctoritate, quae in Nobis per Dei
misericordiam perseverat, vos acceptabili hoc tempore, non, ut
olim, tubis clangentibus et Hebraeorum populum excitantibus
ad recolendum annum ab egressu filiorum Israel ex Aegypto
quinquagesimum annum Iubilaei, ac remissionis, libertatisque
captivorum, hereditatum, ac possessionum, sed ipsius Altissimi Filii voce compellamus, qui primus per sanguinem suum
evangelizavit mundo Iubilaei annum, clamans per ora prophetarum ad annuntiandum mansuetis missum se esse, ut medea-
tur contritis corde, ut praedicet captivis indulgentiam et clausis
libertatem et annum placabilem Domino.

Audite haec, omnes Christi sanguine redempti, intrate exul-
tantibus animis portas eius, haurite cum iubilo de fontibus Salvatoris aquas salientes in vitam aeternam. Invitat vos Sanctarum aperitione Portarum civitas haec sacerdotalis, et regia haec
Petri Sedes et fidei petra, haec magistra religionis, vineae Domini turris, communis omnium patria et commune perfugium.
Hic, aperto spirituali aerario divitiae meritorum Christi sanctorumque in Ecclesiam congestae, in hac plenitudine temporis,
pleniore in omnes manu dispensantur, et reseratis caeli favori-
bus caelestium benedictionum manna in christifideles abundan-
tius pluit. Invitant vos trophaeea apostolorum, tanto apud omnes gentes ab ipso nascentis Ecclesiae exordio venerationi sem-

per habita, ut ex longinquis mundi partibus ad ea venientes,
quamvis viderent, vigentibus imperatorum persecutionibus, de-
tegi se per eum cultum, et tamquam christianos observari, atque adeo mortis discrimen adire, non tamen a sacris peregrinationibus absisterent, ac plures ob eam causam martyrii palma
decoraret. Haec sunt illa apostolorum sepulcra imperatoriis manibus aedificata, quorum vel externos basilicae gradus ac limina
genibus flexis imperatores aliquando subiisse legimus, ac reges
magnam gratiam putasse, si non prope apostolorum monumenta, sed vel extra basilicae vestibula eorum corpora sepelirentur,
ac reges fierent Piscatorum ostiarii.

b) *Longe a maiorum pietate distant haec tempora* —
Verum haec ipsa felicium temporum recordatio magno doloris
sensu angit cor nostrum, dum animo subinde revolvimus, quam
longe a maiorum pietate distent haec tempora, quam multas
provincias ac nationes a consortio catholicae religionis haeretica labes absciderit, atque ab hac Iubilaei laetitia et caelestium
bonorum communione seiunxerit. At vos, principes ac reges,
qui vexillum crucis in fronte gestatis, vos, filii promissionis,
gens sancta, populus acquisitionis, vos, qui timetis Deum, pu-
silli ac magni, uno vos omnes ore offerte in templum eius sacrificium laudis, et condonate invicem offensionibus in anno remissionis ac pacis, abiectisque tandem armis, quae cum funesta
christiani sanguinis effusione iamdiu exercentur, ad communem
hanc credentium Matrem, ex qua lac fidei omnes pariter suxis-
tis, fraternis ac iubilantibus animis convenite. Qui vos voca-
tione sua sancta dignatur, mittet e sede magnitudinis suae ange-
los salutis, qui vos ad haec sacra apostolorum limina peregrinantes doceant vias eius et dirigant semitas aeternitatis. Erit
haec vestra e variis mundi partibus in domum Domini conve-
nientium frequentia populorum iucundum caelo caelitibusque
spectaculum. Erit et vobis acceleratio divinae propitiationis et
cumulus gratiarum. Si enim oratio iusti plurimum valet, quid preces tot millium communi caritatis spiritu in unum psallentium
non impetrabunt? Erit quoque religionis hostibus rubor et con-
fusio (utinam et resipiscendi occasio!) dum tabescentes vide-
bunt omnia Christi membra suo capiti cohaerere, intelligentque

se patris loco non habere Deum, qui Romanam Ecclesiam matrem non agnoscunt.

c) *Indictio Iubilaei* — Nos interim, quos Deus nullo quidem meritorum suffragio voluit suorum mysteriorum dispensatores praesidere Ecclesiae quam acquisivit sanguine suo, de eius misericordia confisi, sanctissimis praedecessorum nostrorum vestigiis inhaerentes, eorumque sanctum institutum tenentes, de venerabilium fratrum nostrorum S. R. E. cardinalium assensu, universale maximumque Iubilaeum in hac sacra Urbe, a primis vesperis vigiliae Nativitatis sanctissimi Salvatoris nostri Iesu Christi proxime futurae incipiendum, et per totum eiusdem praenarrati anni MDCL, Deo dante, prosequendum, auctoritate Dei omnipotentis ac beatorum apostolorum Petri et Pauli, ac nostra, maxima et inenarrabili nostri cordis iubilatione, ad ipsius omnipotentis Dei gloriam, sanctae Ecclesiae exaltationem et tranquillitatem, haeresum extirpationem, catholicorum principum concordiam, christianorumque omnium populorum solatium et satisfactionem, indicimus, promulgamus et statuimus.

d) *Indulgentias basilicas visitantibus proponit* — Qua sanctissimi Iubilaei celebratione durante, omnibus utriusque sexus christifidelibus, etc. (vide: XII 1 f).

e) *De legitime impeditis* — f) *Cunctis Ecclesiae praelatis mandat publicationem Anni Sancti* — g) *Hoc praecipue anno vitae sanctimoniam cunctis christifidelibus commendat* — h) *Qua devotione sancta peregrinatio suscipienda praescribit* — i) *Principes hortatur peregrinis ut subveniant* (vide: XII 1 g h i k l).

Ut vero etc. Nulli ergo etc. Si quis etc.

Datum Romae, apud S. Mariam Maiorem, anno Incarnationis Dominicae MDCXLIX, IV Nonas Maii, pontificatus nostri anno V.

XV 2. CLEMENS X « Ad apostolicae vocis oraculum » 16 Apr. 1674: *Indictio universalis Iubilaei anni sancti MDCLXXV.*

Clemens episcopus servus servorum Dei, universis christifidelibus, praesentes litteras inspecturis, salutem et apostolicam benedictionem.

a) *Annuntiatio Anni Sancti* — Ad apostolicae vocis oraculum e militantis Ecclesiae specula evangelizantis orbi christiano gaudium magnum, tempus nimirum acceptabile, dies salutis, in quibus e mystica fidei petra uberiore proventu decurrunt fluenta aquae salientis in vitam aeternam, laetamini populi, exultate gentes, et ad sanctam in terris civitatem Dei certatim accurrite ut videatis voluptatem Domini et visitetis templum eius. Appropinquat scilicet annus Iubilaei, annus remissionis et gratiae, annus placabilis et sanctus, cuius solemnitatem ex veteri divinitus tradita Hebraeorum disciplina, ut quinquagesimo quoque anno recolerent exitum domus Iacob de populo barbaro, sapienter derivatam, more praedecessorum nostrorum Romanorum Pontificum celebraturi sumus, mysterio tamen eo sublimiore, quo caelestia et aeterna, quae a lege gratiae conferuntur, terrestribus et caducis antecellunt, quae lex illa servitutis, figura et umbra Novi Testamenti, pollicebatur; pro mortali enim patria, pro fundis paternis, pro corporis libertate, quam Hebraei illo anno recuperabant, renovantur hac recurrente celebritate christifideles spiritu libertatis, per quem vocantur in adoptionem filiorum Dei, et roborantur spe beatae illius patriae et aeternae hereditatis, a qua per praevaricationem primi parentis exciderant. Quamvis enim nullum sit tempus, in quo fidelibus poenitentiam agentibus non praestentur caelestis indulgentiae dona deprompta ex infinitis Christi passionis et mortis meritis omniumque sanctorum; hac tamen festivitate, quasi in quadam plenitudine temporis, largiore manu tribuuntur, dum spiritualis aerarii et ecclesiastici thesauri portae latissime reserantur.

b) *Monet ex pluribus christifideles ad accedendum ad Urbem* — Agite ergo, filii dilectissimi, et Romanae Ecclesiae, plena de materno sinu ubera exerentis, atque omnes, qui laborant et onerati sunt, ad se, ut eos reficiat, invitantis, vocem secuti, peregrinationem hanc sacram laeti suscipite. Si enim, ob incertam alicuius temporalis fluxique lucri spem, non dubitatis aliquando difficile et longinquum ad barbaras terras, vel iniquissimo anni tempore, iter ingredi, et vitam saevis per ignota maria tempestatibus ventisque committere, qua tandem alacritate proficisci par est ad amoenas atque hospitales Latii plagas, certa spe, si per vos non steterit, consequendi thesauros non deficien-

tes in caelo, quos neque·aerugo absumit neque tinea? Ad sanctam hanc Hierusalem, matrem ecclesiarum, fontem religionis,
magistram gentium, regiam sanctitatis, invitant vos tot egregia
per eam sparsa priscae pietatis et sanctimoniae monumenta, invitant sanctissimorum pontificum et martyrum invictissimorum
sepulcra, invitant toto orbe clarissima apostolorum trophaea,
cum quibus nulla veteris illius victricis gentium Romae trophaea
sunt conferenda; ipsa denique sacrosanctae Passionis Dominicae instrumenta, quorum adorandorum causa prisci illi fideles ex ultimis terris Palaestinam petebant, e Palaestina huc olim
adducta, quasi amoris pignora quo diligit Dominus portas Sion
super omnia tabernacula Iacob, vos amanter invitant. Excita-
mini ad haec et venite alacriter, filii promissionis, in parentis
gremium, oves dominici gregis, in pastoris amplexus. Atque utinam precibus, quas ex intimis paternae caritatis praecordiis con-
tinenter effundimus, exorata divina bonitas aliquando secundet
spem, quae aliquot ab hinc lustris affulgere visa est, reducendi
ad Christi ovile, extra quod non est salus, tot nobilissimas christiani orbis provincias, longe optimis artibus virisque florentes,
quas, patrum nostrorum memoria, ab unitate Romanae Ecclesiae
infelix dissidium et malus error abduxit! Quam libenter omnes
paterno sinu complecteremur! Quantas Patri misericordiarum
gratias ageremus, quod dies nostros ad tam grave senium protu-
lisset, ut videremus salutare Dei antequam in pace dimitteret
servum suum!

    c) *Monet reges et principes ut praebeant tuta et placata
itinera ac omnis generis commeatus* — Vos autem, carissimi in
Christo filii, reges et principes, luminaria magna Ecclesiae Dei
per quem regnatis, si conditio temporum non patitur vos, pia
maiorum vestrorum studia aemulantes, sacrum hoc iter insti-
tuere, subiectis vestris aliisque Romam petentibus parate viam
Domini, praebete tuta et pacata itinera, et omnis generis commeatus, ne alioqui lugeant viae Sion, eo quod non sit qui ve-
niat ad solemnitatem. In primis vero, quod Nos iampridem omni
pastoralis sollicitudinis et paternae caritatis officio tum a vobis
per litteras et nuntios nostros tum a pacis auctore Deo iugi
prece efflagitamus, ponite aliquando iras, populis vestris gra-
ves, rei christianae publicae luctuosas. Congregamini cum Deo

Abraham, et bella Domini praeliantes, vertite arma in immanes barbaros, inclito Poloniae regno aliisve christianis provinciis terra marique imminentes. Eos enim clades, quantumvis magna, memorabilisque, ad Tyram amnem nuper accepta, irritavit potius quam fregit; nisi perculsis instet victor exercitus et triumphis assuetus, Nosque, post opem divinam diu ac suppliciter imploratam, quamprimum communem causam, commune periculum, communibus quoque studiis armisque tueamur.

d) *Indictio Iubilaei* — Nos igitur, per traditam Nobis a Deo, qui infirma mundi eligit ut fortia quaeque confundat, una cum sollicitudine omnium ecclesiarum, ligandi atque solvendi potestatem, quae in indigno herede non deficit, sanctissimis praedecessorum nostrorum vestigiis inhaerentes, eorumque laudabile institutum tenentes, de venerabilium fratrum nosstrorum S. R. E. cardinalium assensu, universalis et maximi Iubilaei celebrationem a primis vesperis vigiliae Nativitatis Domini nostri Iesu Christi proxime futurae inchoandam, et per totum annum finicndam, auctoritate Dei omnipotentis et beatorum apostolorum Petri et Pauli ac nostra, maximo cum animi nostri gaudio, ad ipsius Dci gloriam, sanctae Ecclesiae exaltationem, haeresum extirpationem, catholicorum principum concordiam, christianorumque omnium populorum solatium et sanctificationem, indicimus et promulgamus.

e) *Indulgentias basilicas visitantibus proponit* — Quo ipso ... qui beatorum Petri et Pauli apostolorum necnon Lateranensem et S. Mariae Maioris de Urbe basilicas, semel saltem in die, per triginta continuos aut interpolatos dies, si Romani vel incolae Urbis, si vero peregrini aut alias externi fuerint, per quindecim saltem dies, devote visitaverint, et pro sanctae Ecclesiae exaltatione, haeresum extirpatione, catholicorum principum concordia, et christiani populi salute et tranquillitate pias ad Deum preces etc. (vide: XII 1 f).

f) *De legitime impeditis* — g) *Cunctis Ecclesiae praelatis mandat publicationem Anni Sancti* (vide: XII 1 g h).

h) *Hoc praecipue anno vitae sanctimoniam cunctis christifidelibus commendat* — Nam, si unquam alias, ... in corpore suo. Scelera insuper et peccata omnia malaeque cogitationes e cordibus eorum penitus exterminanda, ut caelestis ira place-

tur, et christiano nomini, in quo gloriantur, moribus factisque
respondeant. Docete autem eos, etc. (vide: XII 1 i).

i) *Qua devotione sancta peregrinatio suscipienda praescribit* — Admonete etiam eos ... (vide: XII 1 k) bonus odor in
omni loco, et unusquisque ita componere se conetur, ut faciem
plane praeseferat euntis in Hierusalem. Praebete autem vos
ipsos, venerabiles fratres, et omnem clerum exemplum in primis bonorum operum et formam gregis, ut vestrae virtutis et
religionis veluti sale ceteri condiantur, atque ita omnes unanimes in uno spiritu christianae caritatis atque in omni sanctitate et iustitia Deo serviamus.

k) *Principes hortatur peregrinis ut subveniant* (vide:
XII 1 l).

Ut vero etc. Nulli ergo etc. Si quis etc.

Datum Romae, apud S. Mariam Maiorem, anno Incarnationis Dominicae MDCLXXIV, XVI Kalendas Maii, pontificatus
nostri anno IV.

XVI 1. INNOCENTIUS XII « REGI SAECULORUM » 18 MAI.
1699: *Indicitur universale Iubilaeum anni sancti MDCC.*

Innocentius episcopus servus servorum Dei, universis christifidelibus, praesentes litteras inspecturis, salutem et apostolicam benedictionem.

a) *Prooemium a commendatione huius Anni Sancti pe-
titum* — Regi saeculorum, qui sedet super Cherubim, et terrena omnia per labentium temporum vices, immortalis ipse et in-
commutabilis permanens, mira ordinatione dispensat, cantemus,
dilecti filii, canticum novum, et acceptabile gratiarum et laudis
sacrificium immolemus. Dum enim exeuntis iam saeculi finem
instare conspicimus, supernam merito erga nos misericordiam
confitemur, quia tot inter humanae vitae pericula non sumus
consumpti, et nostrae simul mortalitatis admoniti, praeterire omnia, et nihil permanere sub sole, non divinis modo eloquiis credimus, sed ipsum decurrentium saeculorum experimento depre-
hendimus; aeternae scilicet providentiae per mundanas huius-

modi varietates nos erudiente consilio, ut, immortalis vitae gau-
diis destinati, sobrie et iuste et pie vivamus in hoc saeculo, atque infirma haec et instabilia contemnentes, ad ea, quae sursum
sunt et in aeternum permanent, animos erigamus. Hoc vero saluberrimum et christiano plane dignum nomine studium, etsi
nullo unquam vitae nostrae tempore negligendum, peculiari tamen ratione ac suo quodam veluti iure nobis exigit appropin-
quans laetissimus ille, universaeque catholicae Ecclesiae venerabilis annus, nobis ex veteri maiorum instituto celebrandus,
quo ad hanc almam Urbem nostram et beati Petri Sedem ex
toto orbe concurritur, et universis fidelibus ad quaeque pietatis
officia impensius excitatis, caelestes thesauri unigeniti Filii Dei
et Salvatoris nostri Iesu Christi sanctorumque eius meritis comparati, latissime reserantur. Antiquorum enim, ut nostis, habet
fida traditio, per decurrentes saeculorum aetates, centenis qui-
busque ab eiusdem Domini nostri salutifera Incarnatione annis,
amplissimas peccatorum indulgentias ac remissiones pie ac devote sacra apostolorum limina visitantibus esse propositas. Et
quamvis provido Romanorum Pontificum praedecessorum nostrorum consilio sanctissimi huius Iubilaei celebrandi tempus,
quod multi, aetate hominum in dies decrescente, attingere non
valebant, qui plures possent indulgentiarum eius fieri participes, intra angustiores annorum limites contractum fuerit; ipsa
nihilominus centenarii celebratio et antiquitatis praestantia et
expressiori primaevae originis repraesentatione in primis insignis merito existimatur; postremo videlicet cuiusvis saeculi
anno (quod longissimum humanae vitae spatium reputatur) christianis omnibus partum sibi per Christum aeternae vitae per
infinita saecula duraturae beneficium solemnius recolentibus.
Audite ergo haec omnes gentes, quae Christi nomine gloriamini;
auribus percipite qui habitatis orbem, reges terrae et omnes
populi, simul in unum dives et pauper, dum Nos, eiusdem Christi vices, licet immeriti, gerentes in terris, annuntiamus vobis
et evangelizamus annum Domini placabilem, annum expiationis et veniae, redemptionis et gratiae, remissionis et indulgentiae peccatorum. Audiat terra verba oris nostri, et buccinae sacerdotalis Iubilaeum populo Dei personantis clangorem universus orbis laetus excipiat, dum, quod olim filiis Israel in umbra

legis praefiguratum accepimus, hoc in Evangelii veritate iam
cernimus spiritualiter adimpletum: nec enim, ut pridem Iudaicum populum ad terrenarum possessionum recuperationem christianus nos annus Iubilaeus invitat, sed ad aeternae assequutionem hereditatis, a qua nos praevaricatio primi parentis excluserat; non ab humana servitute manumittimur, sed in libertatem filiorum Dei vindicamur; non pecuniarum debito absolvimur, sed peccatorum; non labori colendae terrae subducimur, sed in caelestium contemplatione Domino feriamur.

b) *Indictio Iubilaei* — Quod igitur ratio temporis et eorumdem Romanorum Pontificum praedecessorum nostrorum admonet consuetudo, illorum vestigiis inhaerentes, de venerabilium fratrum nostrorum S. R. E. cardinalium assensu, universalis et maximi in hac alma Urbe nostra Iubilaei celebrationem in annum proximum MDCC, a primis vesperis vigiliae Nativitatis Domini nostri Iesu Christi proxime futurae inchoandam, et per totum annum ipsum finiendam, auctoritate Dei omnipotentis et beatorum Petri et Pauli ac nostra, maximo et superabundanti nostri cordis gaudio et exultatione, ad ipsius Dei gloriam, catholicae Ecclesiae exaltationem, ac totius christiani populi sanctificationem indicimus et promulgamus.

c) *Indulgentias basilicas visitantibus proponit* (vide:
XV 2 e).

d) *De legitime impeditis* — Et quoniam evenire potest ...
(vide: XII 1 g).

e) *Excitantur omnes ad bona opera et ad Iubilaeum* —
Sanctificamini itaque, filii dilectissimi, et praeparate corda vestra Domino, ut annum merito sanctum a maioribus appellatum, quia sanctis operibus specialius praestitutum, devotionis religiosae consuetudine celebretis. Lavamini, mundi estote, auferte malum cogitationum vestrarum ab oculis Domini, et, renovati spiritu mentis vestrae, orationibus insistite; frequentate ieiunia, eleemosynas erogate, quibus et propitiatio Dei quaeritur, et concupiscentia carnis extinguitur, et anteactae vitae crimina redimuntur. His porro christianae vitae ornamentis instructi, virtutumque praesidiis communiti, impigra piaque animi alacritate ad hanc sanctam in terris civitatem Dei, tot sanctorum martyrum ac beatorum, praecipue apostolorum Ecclesiae Principum

memoria praecellentem, velut ad thronum gratiae accedite cum
fiducia, ut misericordiam consequamini : si enim duorum vel
trium fidelium pio consensui, omnia quae poposcerint, Dominus
praestanda promittit, quid denegabitur multorum millium plebi
unam observantiam pariter exequenti, et per unum spiritum in
ipsa religionis arce concorditer supplicanti? Dirigat Dominus
gressus vestros in semitis suis, et in pace deducat vos velut oves
pascuae suae ad pastorem vobis in terris divinitus constitutum
humiliter confluentes, ut qui unum corpus sumus in Christo,
unanimes honorificemus Deum, et in sanctae Ecclesiae, quae una
est dilecta Dei nostri, communione invicem collaetemur. Atque
utinam vobiscum pari caritatis amplexu et paterni amoris in
sinu daretur excipere filios olim nostros, nunc autem ab Ecclesia transfugas, qui iuxta nos erant, et de longe steterunt, re-
cedentes a fide patrum suorum, et avertentes se ab ubere matris
suae, quod sine gravi maerore recolere non valemus ; deceptarum
quippe tot animarum ruinas cum fletu et lacrimis miseramur,
exequentes apostolicae pietatis exemplum, ut cum infirmanti-
bus infirmemur. Et quia Nos eius locum, licet immeriti, tenere
conspicimus, qui venit revocare dispersos in terram suam, oves
quae perierunt, assiduis ad Deum votis repetere et pastorali
sollicitudine quaerere non desistimus, clamantes et invitantes ut
revertantur praevaricatores ad cor, omnique haeretica pravitate deposita, catholicae veritatis lumen agnoscant, et ad sanctae matris Ecclesiae redeant unitatem.

f) *Cunctis Ecclesiae praelatis mandat publicationem
Anni Sancti* — Vos autem in primis, venerabiles fratres nostri, patriarchae, primates, archiepiscopi et episcopi, sal terrae
et lux mundi a Domino constituti, et ad dandam scientiam salutis plebi eius, in consortium nostrae sollicitudinis advocati,
dominico gregi devotionem officii pastoralis impendite, vocate
coetum, congregate populum, ovesque vobis creditas ad primi
post Christum pastoris beati Petri Sedem adducite, ut, conve-
nientibus undequaque ad fidei petram et catholicae unitatis fun-
damentum christifidelibus, una Ecclesiae fides et unus Spiritus
clarius pateat, atque uni visibili capiti, Christi in terris vicario,
membrorum eius perpetua atque indivisa coniunctio caritatis

glutino coagmentata, unde únum Christi corpus efficitur, toti
mundo splendidius elucescat. Dicite in gentibus, quam magnum
et in conspectu Domini pretiosum sit cum totus Christi populus eisdem simul instat officiis, et in utroque sexu omnes gradus, omnesque ordines sanctis operibus uno cooperantur affectu;
plenissima enim obtinetur peccatorum abolitio, quando una est
Ecclesiae totius oratio. Annuntiate populis annum acceptabilem
Domino, caelestium gratiarum ubertate redundantem, quem
proinde fideles cuncti pia devotione suscipiant, et bonorum operum frequentatione sanctificent.

g) *Hoc praecipue anno vitae sanctimoniam cunctis chri-*
stifidelibus commendat — Docete omnes, sacro hoc potissimum
tempore, a peccatis abstinere, intemperantiam fugere, et tur-
pium voluptatum damna vitare, emundatosque ab omni inqui-
namento carnis et spiritus caelestia concupiscere, et in amorem
se incorruptibilis boni atque in spem verae lucis attollere. De-
tumescat superbia, mansuescat iracundia, cessent odia, deficiant
simultates, et in unitatem dilectionis omnia Christi membra conveniant. Qui vero substantiam huius mundi habent, vobis prae-
dicantibus discant non in incerto divitiarum confidere, sed omni
avaritiae labe deposita, ad promerendam misericordiam Dei per
opera misericordiae se praeparare. Aperiant viscera sua, et fratrum suorum pauperum inopiam sublevent, ac peregrinos praecipue Romam venientes subsidiis adiuvent, hospitio excipiant,
omnibusque christianae caritatis officiis prosequantur.

h) *Qua devotione sancta peregrinatio suscipienda prae-*
scribit — Omnes autem, ut vetus Ecclesiae consuetudo apostolico ore laudata nos admonet, orent pro regibus et principibus
christianis, ut quietam et tranquillam vitam agamus, et pax et
concordia perpetuo conservetur. Eos porro, qui sacram peregrinationem ad hanc almam Urbem nostram susceperint, paternis exhortationibus specialibus admonete, qua cordis devotione
et modestia ac fraternae pacis observatione ubique se gerant,
ut Christi bonus odor fiant in omni loco. Non vanis intendant
fabulationibus, non mundi curiosa sectentur, sed piis medita-
tionibus mentem instruant, et ad portandas itineris molestias
divinarum rerum colloquiis, hymnis etiam et canticis spiritualibus sibi invicem adiumento sint, et cantent in viis Domini;

quoniam magna est gloria Domini, cogitent, quia dum sumus
in corpore, peregrinamur a Domino, quodque non habentes hic
manentem civitatem, futuram inquirimus, et ad eam, quae sursum est, Ierusalem matrem nostram sanctae spei affectibus aspi-
ramus. Avertant in itinere oculos suos ne videant vanitates, nec
illicitis cupiditatibus aut saecularibus desideriis a suscepto pietatis proposito distrahi se patiantur. Sic bonas facient vias suas,
et ambulantes in semitis iustitiae, digni fient, angelo Dei comite,
ad hanc sanctam civitatem cum exultatione deduci, ubi introi-
bunt in tabernacula Domini, et adorabunt in locis ubi requiescunt sancti eius. Intrabunt portas eius in confessione, portas
iustitiae, quibus facilis ad misericordiam Dei praestatur acces-
sus, et ad caelestium benedictionum thesauros acquirendos felix
aditus aperitur. In omnibus autem, venerabiles fratres, proba-
te vos ipsos, et omnem clerum exemplum bonorum operum et
formam gregis: luceat lux vestra coram hominibus, ut vestrae
virtutis ac religionis velut sale ceteri condiantur, dumque in vos
tamquam speculum oculos coniiciunt, ex actionibus vestris habeant quod imitentur.

i) *Principes hortatur peregrinis ut subveniant* — Carissimos quoque in Christo filios nostros imperatorem electum, ac
reges et principes omnes catholicos, quos, in ipsa etiam ad sacra beatorum apostolorum limina piae peregrinationis laude,
maiorum suorum aemulatores fieri summopere cuperemus, et
magno ingravescentis senii nostri solatio, antequam Dominus
in pace dimitteret servum suum, in benedictionibus dulcedinis
amantissime amplecteremur, hortamur interim et rogamus in
Domino, ut, quo plura etc. (vide: XII 1 l).

Ut vero etc. Nulli ergo etc. Si quis etc.

Datum Romae, apud S. Mariam Maiorem, anno Incarnationis Dominicae MDCXCIX, XV Kalendas Iunii, pontificatus
nostri anno VIII.

XVII 2. BENEDICTUS XIII « REDEMPTOR ET DOMINUS
NOSTER » 26 JUN. 1724: *Indicitur universale Iubilaeum
anni sancti MDCCXXV.*

Benedictus episcopus servus servorum Dei, universis christifidelibus, praesentes litteras inspecturis, salutem et apostolicam benedictionem.

a) *Exordium a necessitate implorandi caeleste auxilium
ut a Sanctissimo facilius et felicius regi possit universalis Ecclesia in minus prospero rerum statu* — Redemptor et Dominus
noster Iesus Christus, unigenitus Dei Filius, cuius inscrutabili
providentia caelestia pariter ac terrena omnia sapientissime dis-
ponuntur, immensam suam erga Nos bonitatem clarissimo tes-
timonio patefecit, cum ad regimen universalis Ecclesiae pretioso suo sanguine acquisitae, post diuturnam apostolicae Sedis vacationem, humilitatem nostram vocare, suamque in terris
vicariam potestatem Nobis committere dignatus est. Et Nos
quidem impositam sacrosancti apostolatus sarcinam, etsi viii-
bus nostris longe imparem, quin etiam ipsis angelicis humeris
formidandam, suspiria inter et lacrimas, nec tam immerentes
quam inviti, suscepimus, ut divinae vocis imperio, quemadmodum par erat, humiliter obsequeremur. Verum, dum luctuosum
christianae reipublicae, gravium malorum procellis tot per annos agitatae et graviorum adhuc periculis expositae, statum attente circumspicimus, susceptique oneris magnitudinem, et rerum ac temporum conditionem serio Nobiscum reputamus, timor et tremor venerunt super Nos, et vigilias anticipaverunt
oculi nostri, meritoque veremur ne impendenti Nobis gravissi-
simae curarum moli infirmitas nostra succumbat. Non tamen
concidimus animo, sed omnem pro salute crediti Nobis e caelo
gregis laborem alacriter subire parati, in bonorum omnium largitore Deo, qui sperantes in se confundi non patitur, firmam
collocamus fiduciam, fore ut, qui Nobis extitit honoris auctor,
ipse fiat administrationis adiutor, et virtutem largiatur qui contulit dignitatem. Id porro Nos a divina clementia supplici de-
votaque humilitate assidue precari non desinimus, et ab universis etiam christifidelibus, quibus apostolica sollicitudo a Nobis impendenda est, unanimi studio flagitari maxime cupimus.

ut exoratus communibus precibus benignus et misericors Dominus, qui dat lasso virtutem, et his qui non sunt fortitudinem et robur multiplicat, brachio sancto suo confortet ac roboret Nos, mentemque nostram lumine suae claritatis illustret ad cognoscendum faciendumque semper quod bonum est in oculis suis; tribuat Nobis spiritum sapientiae et intellectus, spiritum consilii et fortitudinis, ut pastorale officium salubriter exequi valeamus ad divini nominis gloriam, Ecclesiae sanctae utilitatem, ac spiritualem omnium fidelium aedificationem; praesentibus christiani populi necessitatibus propitius adsit, pericula propulset, haereses ac in religione dissidia extirpet, fidem catholicam protegat et propaget, orthodoxis principibus arctam et indissolubilem animarum concordiam, sanctaeque religionis propugnandae, atque ab insidiis et detrimentis liberandae zelum praebeat, eorumque consilia et vires ad christiani nominis tutelam et amplificationem unire, sociare, regere et roborare dignetur.

b) *Praestantia Anni Sancti* — Id autem, ut a vobis, dilecti filii, ferventiori pietatis studio uberiorique fructu peragatur, sacros indulgentiarum thesauros, quorum dispensationem fidei nostrae commisit divina dignatio, proferre ac liberali manu erogare decrevimus hoc maxime opportuno tempore, quo appropinquat annus christiano populo in primis optabilis atque iucundus sanctissimi Iubilaei; annus universae catholicae Ecclesiae peculiari modo sacer ac venerabilis: annus expiationis et veniae, remissionis et gratiae, quo cunctis fidelibus ad almam hanc Urbem nostram confluentibus, et sacra apostolorum limina praescriptasque basilicas pie ac devote visitantibus, ut antiquorum habet fida traditio, amplissimae peccatorum indulgentiae propositae sunt. Licet enim nulla temporis momenta decurrant, quae divinis non sint plena muneribus, et nunquam ad misericordiam Dei per ipsius gratiam nobis aditus praecludatur: eo tamen anno a divina largitate singularia speranda sunt beneficia, ac tanto ampliora, quanto maiori fervore mentes fidelium ad universa religiosae pietatis opera incendi convenit ac inflammari. Audite igitur haec, omnes gentes, quae orthodoxam profitemini religionem; auribus percipite, qui habitatis orbem, reges terrae, et omnes populi, dum Nos, Iesu Christi vices quam-

vis immeriti gerentes in terris, annuntiamus vobis et evangelizamus annum Domini placabilem, annum redemptionis et veniae peccatorum, ac, pro paterna qua cunctos christifideles in
Domino complectimur caritate, vos omnes ad iucundissimam sacrosancti huius Iubilaei solemnitatem concelebrandam vocamus
ac excitamus. Quod si olim quinquagesimus annus ex divina
ordinatione a filiis Israel summo plausu et incredibili gaudio
excipiebatur, quanto magis decet christianum populum sacro
Iubilaei anno recurrente gaudere ac laetari. Non enim, ut quondam Iudaica natio, ad distractorum praediorum recuperationem,
sed ad aeternae possessionem hereditatis invitamur, non a colendae terrae laboribus eximimur, sed fructus, quos Christi Domini, deiparae Virginis, et sanctorum merita protulerunt,
uberrimos percipimus; non a pecuniarum debito vel ab humana
servitute, sed a peccatorum vinculis et poenis absolvimur; non
ab exilio terrenam patriam repetere nobis licet, sed ad caelestem illam patriam, unde exulantes in hac lacrimarum valle misere pererramus, tutum nobis iter praemonstratur et panditur.

c) *Indictio Iubilaei* — Quod itaque vetus sanctae Romanae Ecclesiae consuetudo et Romanorum Pontificum praedecessorum nostrorum exempla Nos admonent, illorum vestigiis inhaerentes, eorumque pium ac saluberrimum institutum
retinentes, de venerabilium fratrum nostrorum eiusdem S. R. E.
cardinalium assensu, universalis et maximi in hac alma Urbe
nostra Iubilaei celebrationem in annum proximum MDCCXXV
a primis vesperis vigiliae Nativitatis Domini nostri Iesu Christi
proxime futurae inchoandam et per totum annum ipsum finiendam, auctoritate Dei omnipotentis et beatorum apostolorum Petri
et Pauli ac nostra, quanto maximo possumus cordis nostri gaudio
et exultatione, ad ipsius Dei gloriam, catholicae Ecclesiae de-
cus, ac totius christiani populi sanctificationem, indicimus et
promulgamus.

d) *Indulgentias basilicas visitantibus proponit* (vide:
XV 2 e) — e) *De legitime impeditis* (vide: XII 1 g).

f) *Invitatio ad Annum Sanctum et hortatio ad pia opera*
— Impigra igitur piaque devotione, filii dilec issimi, et alacri
animo suscipite annuntiati vobis Anni Sancti celebritatem, quem

ideo religiosa eiusmodi appellatione maiores, ut nostis, insigni-
vere, quia divino cultui, sanctorum operum exercitationi specialius dicatus est : alatur esuriens, vestiatur nudus, adiuvetur
oppressus, foveatur aegrotus, odia transeant in dilectionem, ini-
micitiae convertantur in pacem, tranquillitas extinguat iram, man-
suetudo remittat iniuriam, ieiunium carnis desideria conterat,
oratio spiritum a terrenis rebus avocatum in caelestium contemplatione defigat, et ad amorem ac spem immortalium gaudiorum
attollat. His porro christianarum virtutum exemplis et bonorum operum meritis instructi ad hanc sanctam civitatem, tot
sanctorum martyrum memoria inclytam, ac beatorum praesertim
apostolorum Ecclesiae Principum doctrina eruditam et glo-
rioso sanguine consecratam, religiosa animi alacritate concur-
rite. Festinate ad locum quem elegit Dominus, ascendite ad hanc
Hierusalem novam, unde ab ipso Ecclesiae nascentis exordio
lex Domini et lux evangelicae veritatis in universas nationes effluxit : Urbem tot tantisque a Deo beneficiis auctam, tot muneribus cumulatam, ut civitas sacerdotalis et regia in superbiam
saeculorum posita, civitas Domini, Sion sancti Israel iure optimo praedicetur. Hic vere confitebimini Deo in Ecclesia magna, in
populo gravi laudabitis eum ; quandoquidem haec ipsa catholica
et apostolica Romana Ecclesia, per sacram beati Petri Sedem
caput orbis effecta, mater est cunctorum credentium, fida divi-
nitatis interpres, et magistra omnium ecclesiarum. Hic inteme-
ratum fidei depositum, hic fons sacerdotalis unitatis, hic claves
regni caelorum et summa ligandi atque solvendi potestas, hic
demum inexhaustus ille thesaurus Ecclesiae sacrarum indulgentiarum, cuius dispensator est Romanus Pontifex, custoditur.

g) *Votum pro prospero itinere et reditu haereticorum
ad catholicam Ecclesiam* — In viam pacis et prosperitatis dirigat gressus vestros omnipotens Dominus, et tribuat vobis iter
prosperum tempusque tranquillum, quatenus cum salute et gaudio pervenire possitis ad pastorem vobis in terris divinitus
constitutum, ut, qui unum corpus sumus in Christo, unanimes
glorificemus Deum, ac in sanctae Ecclesiae unitate et communione invicem collaetemur. Utinam vero comites sese vobis ad-
iungerent et sacram hanc peregrinationem una vobiscum aggre-
derentur filii olim nostri, nunc autem desertores et transfugae,

quorum progenitores, veterum Romanorum Pontificum praedecessorum nostrorum tempore, ad sanctam eiusmodi celebritatem
ex omni populo et natione frequentissimos convenisse antiqua
monumenta testantur. Nihil enim Nobis optatius, neque iucundius accidere posset, quam ut ipsi ad fidem patrum suorum, a
qua infeliciter cum manifesto aeternae salutis discrimine desci-
verunt, reverterentur, adeoque Nobis paterni amoris in sinu
eos excipere, et pari pontificiae caritatis sensu complecti liceret. Qua ratione et miserum errantium statum iugibus lacrimis
deflemus, et pro pastorali nostra sollicitudine assiduis enixisque
votis a divina clementia flagitare non desistimus, ut ipsis veritatis suae lumen ostendere non dedignetur, quatenus, haeretica
pravitate deposita, orthodoxam suscipiant religionem, abrupto-
que divisionis laqueo, catholicae Romanae Ecclesiae, extra quam
non est salus, unitatem et communionem sincero corde amplec-
tantur.

     h) *Cunctis Ecclesiae praelatis mandat publicationem Anni
Sancti* — Vos autem, venerabiles fratres nostri, patriarchae,
primates, archiepiscopi et episcopi, in consortium nostrae sollicitudinis advocati, pastores et magistri populorum, nunc potissimum exaltate, quasi tuba, vocem vestram, annuntiate dominico
gregi tempus acceptabile, dies aeternae salutis, annum ad redimenda peccata, ad salvandas animas institutum, ut sanctificetur,
et divina opitulante gratia disponatur ad ea caelestia munera
rite suscipienda, quae bonorum omnium largitor Deus filiis dilectionis suae per ministerium humilitatis nostrae destinavit.

     i) *Hoc praecipue anno vitae sanctimoniam cunctis chri-
stifidelibus commendat* — Docete omnes, si unquam alias, nunc
maxime oportere, ut abiiciant opera tenebrarum et induantur
arma lucis, vitia fugiant, virtutes sectentur, et unusquisque re-
cedat a via sua mala, et revertatur ad Dominum corde puro et
conscientia bona et fide non ficta; docete insuper sacros indulgentiarum thesauros consequendi spem omnem inanem esse, nisi
contrito et humiliato corde unusquisque se praeparet, et con-
gruis christianae pietatis operibus divinam misericordiam sibi
propitiare contendat. Qui vero substantiam huius mundi habent,
vobis admonentibus, discant facere sibi amicos de mammona
iniquitatis, pauperum inopiae subveniant, et peregrinos praeci-

pue Romam venientes subsidiis adiuvent, hospitio excipiant, omnibusque humanitatis et christianae caritatis officiis prosequantur.

k) *Qua devotione sancta peregrinatio suscipienda praescribit* — Omnes autem (quod vetus Ecclesiae consuetudo apostolica voce laudata nos admonet) orent pro regibus et principibus christianis, ut omnipotens Deus, rex regum et dominus dominantium, illis plenam in utroque homine felicitatem et pacem veramque concordiam largiri dignetur. Eos porro, qui sacram hanc peregrinationem susceperint, paternis adhortationibus et monitis instruite, qua cordis devotione et modestia, quave fraternae pacis observatione ubique se gerere debeant, ut Christi bonus odor sint in omni loco; non saeculi curiosa sectentur, non vanis intendant fabulationibus, sed divinarum rerum colloquiis, hymnis etiam et canticis spiritualibus viarum labores et incommoda levare studeant. Avertant in itinere etc. (vide XVI 1 h).

l) *Principes hortatur peregrinis ut subveniant* — Postremo carissimos etiam in Christo filios nostros, imperatorem electum, ac reges et principes omnes catholicos hortamur et in Domino obsecramus, ut quo plura etc. (vide: XII 1 l).

Ut vero etc. Nulli ergo etc. Si quis etc.

Datum Romae, apud S. Petrum, anno Incarnationis Dominicae MDCCXXIV, VI Kalendas Iulii, pontificatus nostri anno I.

XVIII 4. BENEDICTUS XIV « PEREGRINANTES A DOMINO » 5 MAI. 1749: *Indictio universalis Iubilaei anni sancti millesimi septingentesimi quinquagesimi.*

Benedictus episcopus servus servorum Dei, universis christifidelibus, praesentes litteras inspecturis, salutem et apostolicam benedictionem.

a) *Peccatum habemus* — Peregrinantes a Domino, et futuram civitatem patriam nostram inquirentes, in multis omnes offendere, atque a via mandatorum Dei saepe nos declinare, et quasi insipientes oves aberrare, nimis est exploratum. Si dixerimus, quoniam peccatum non habemus, ipsi nos seducimus, arguente nos conscientia nostra de multitudine praevaricatio-

num nostrarum, propter quas formido mortis conturbat nos, et timor, et tremor veniunt super nos in cogitatione appropinquantis iudicii Dei. Si dixerimus, quoniam non peccavimus, mendacem facimus Deum, cuius vera, et iusta sunt iudicia, cuius flagella non alia de causa congregata sunt super nos, nisi quia peccavimus ei, iniuste egimus, iniquitatem fecimus; et ideo nos temporaliter caedere, et castigare non desinit, ut convertamur ad eum, antequam sempiternam ꞏadducens retributionem adveniat.

b) *Reditus errantium ad viam salutis* — Huius rei causa pia Mater catholica Ecclesia potissimam hanc pietatis curam alumnis filiisque suis incessanter impendit, ut errantes ad viam iustitiae, ruentes in praeceps ad rectum salutis tramitem revocet, lapsos ad poenitentiam, et per hanc ad delictorum veniam obtinendam adducat; meritisque poenis obnoxios ad dissolvendas impietatis colligationes, oblatis Misericordiae Divinae remediis, invitet. Sed pauci sunt, qui Ecclesiae salubriter monenti auscultent. Plerique enim vel pravis affectionibus adstricti, vel sollicitudinibus, et voluptatibus vitae impliciti, poenitentiae spiritum, et labores, morumque emendationem refugientes, divitias bonitatis Dei, et patientiae, et longanimitatis contemnunt. Indulgentiarum vero thesauros, quos prolixa Ecclesiae benignitas omnibus ubique, et omni tempore apertos exhibet, alii damnabiliter negligunt, alii non rite acquirere, et promereri student. Interim vero dies nostri deficiunt; et omnes sicut aqua dilabimur super terram; cum autem apparuerit iustus Iudex, tunc sero agnoscemus, secundum duritiam nostram, et impoenitens cor, thesaurizasse nobis iram in die irae; atque omnia manere divino iudicio punienda, quaecumque non fuerint poenitentiae emundatione deleta.

c) *Essentia Iubilaei* — Bene itaque ac sapienter praedecessores nostri Romani Pontifices certa quaedam tempora in saeculorum evolutione delegerunt, quibus universos per orbem terrarum christifideles de ingruente mundi fine commonefactos, maiori studio excitarent ad redimenda peccata, ad salvandas animas. Cumque id olim centesimo quoque anno fieri consuevisset, habita deinde ratione illius temporis, intra quod generationes hominum passim renovari conspiciuntur, post singulos vigin-

tiquinque annos hoc idem provide praestandum esse decreverunt, ut novis subinde familiis super faciem terrae succrescen-
tibus, generalia propitiationis et indulgentiae consequendae media, non sine apta poenitentialium operum praefinitione, suppe-
ditarent. Annum hunc acceptabilem, annum renovationis et poenitentiae, annum reconciliationis et gratiae, sanctum in Ecclesia
merito appellatum, qui proximo hiemali solstitio aperietur, annuntiamus vobis, quotquot catholico nomine censemini, ac paterno vos affectu adiuvantes exhortamur, ne in vacuum gratiam
Dei recipiatis; neve nostra, et Ecclesiae consilia, quae ad pacem,
et salutem directa sunt, in irritum cedere sinatis.

    d) *Summa apostolicae praedicationis* — Audite, audite
summam apostolicae praedicationis, quam Dominus Iesus Christus Nobis etiam, indignis licet, ad apostolicae servitutis officium vocatis demandavit: Poenitentiam agite; appropinquavit
enim Regnum Coelorum. Filioli, novissima hora est, revertimini
ad Dominum, reconciliamini Deo. Et mundus transit, et concupiscentia eius; nec aliis promittitur aeterna stabilitas, quam his,
qui fecerint voluntatem Dei, quae manet in aeternum. Quae
est autem voluntas Dei, nisi sanctificatio vestra? Ad hanc perficiendam vocat vos communis Mater Ecclesia Romana, quae proximum hunc annum in publicis religionis, et pietatis exercitatio-
nibus totum impendet; id optans, ut filii sui omnes, quicumque
catholicae doctrinae lacte per omnem terrarum orbem imbuti
sunt, de latere surgant, ac de longe veniant, et conspirante pietatis studio, Dei misericordiam et gratiam, tam sibi singuli, quam
universae fraternitati demereant. Aperit illa advenienti multitu-
dini sacrorum templorum portas; sed multo magis pandit ma-
ternae caritatis sinum, atque omnibus sincere postulantibus, et
digne inquirentibus certam peccatorum veniam et indulgentiam
promittit.

    e) *De suprema ligandi atque solvendi potestate* — Huic
promissioni fidem indubiam adstruunt tum suprema ligandi, atque solvendi potestas beatissimo apostolorum Principi, ac per
eum Nobis in illius Sede residentibus, ipsa Redemptoris voce
tributa, et inaestimabilis meritorum et satisfactionum thesaurus
ex ipsius Christi Domini, eiusque Virginis Matris, omniumque
sanctorum meritis, passionibus, ac virtutibus constans, eiusdem

beati Petri, nostraeque similiter dispensationi concreditus ; tum
sanguis apostolorum, et martyrum, qui ad Ecclesiae huius aedificationem, tamquam aqua olim super terram effusus, clamat ad
Dominum, suisque cultoribus veniam precatur, et pacem ; tum
recta disciplinae ratio, ad ecclesiasticae regulae normam in prae-
scribendis salutaris poenitentiae operibus, et ad ecclesiasticae lenitatis spiritum in indulgentiae largitione, conformata ; tum denique propositi finis sanctitas, christianae plebis utilitas, maiorum exemplum.

    f) *Indictio Iubilaei* — Quod igitur ratio temporis, et
praedictorum Romanorum Pontificum praedecessorum nostrorum
admonet consuetudo, illorum vestigiis inhaerentes, de venerabilium fratrum nostrorum S. R. E. cardinalium assensu, universalis et maximi Iubilaei in hac alma Urbe nostra celebrationem in annum proximum MDCCL, a primis vesperis vigiliae Nativitatis Domini nostri Iesu Christi proxime futurae inchoandam, et per totum annum ipsum finiendam, auctoritate Dei
omnipotentis, et beatorum Petri et Pauli, ac nostra, ad ipsius
Dei gloriam, catholicae Ecclesiae exaltationem, ac totius christiani populi sanctificationem, indicimus, et promulgamus.

    g) *Indulgentias basilicas visitantibus proponit* — Quo qui-
dem Iubilaei anno durante, omnibus utriusque sexus christifidelibus vere poenitentibus, et confessis, sacraque Communione
refectis, qui beatorum Petri et Pauli, necnon S. Ioannis Lateranensis, et S. Mariae Maioris de Urbe basilicas semel saltem in
die, per triginta continuos, aut interpolatos dies, sive naturales,
sive etiam ecclesiasticos, nimirum a primis vesperis unius diei
usque ad integrum ipsius subsequentis diei vespertinum crepusculum computandos, si Romani, vel incolae Urbis ; si vero peregrini, aut alias externi fuerint, per quindecim saltem huiusmodi dies, devote visitaverint, etc. (vide : XV 2 e).

    h) *De legitime impediitis* — Et quoniam evenire potest,
ut ex iis, qui hac de causa iter aggressi fuerint, vel ad Urbem
se contulerint, aliqui in via, aut etiam in ipsa Urbe, morbo, vel
alia legitima causa detenti, aut morte praeventi, praefinito dierum numero non completo, ac ne fortasse quidem inchoato, praemissa exequi, et dictas basilicas visitare nequeant ; Nos piae
promptaeque illorum voluntati, quantum in Domino possumus,
benigne favere cupientes, eosdem vere poenitentes, et confes-

sos, ac sacra Communione refectos, praedictae indulgentiae, et
remissionis participes perinde fieri volumus, ac si dictas basilicas diebus a Nobis praescriptis reipsa visitassent; ut praefatis
necessitatibus impediti, desiderii sui effectum, dono Sancti Spiritus, consequantur.

i) *Adhortatio ad omnes christifideles* — Commovemini
itaque, ut par est, universi catholicae Ecclesiae filii, ad tanti
muneris vobis oblati nuntium, ac summa alacritate, et spiritus
fervore aggredimini opus, quod salvare potest animas vestras.
Non vos retineant assueti domicilii commoda; non vos terreat
itineris labor; sed spiritualis thesauri acquisitionem christianae
fidei aestimatione pensantes, nolite committere, ut maior appareat in negotiatoribus saeculi terrenae substantiae aviditas, quam
in fidelium cordibus divitiarum coelestium desiderium.

Ingens itineris vestri lucrum, spiritualis consolationis cumulabit suavitas. Quid enim christiano homini iucundius accidere
potest, quam gloriam crucis Christi in supremo, quo in terris
fulget, splendoris lumine conspicere, ac monumenta triumpha-
lis victoriae, qua fides nostra mundum devicit, propriis oculis
intueri? Hic videre licebit ad religionis reverentiam saeculi cul-
men inclinatum; ipsamque terrenam quondam Babylonem in
novae ac caelestis civitatis speciem conversam, non quidem ad
conterendas nationes, et subiuganda regna, saevas armorum bel-
lorumque minas intentare, sed ad docendos salvandosque populos, doctrinae coelestis, atque intemeratae disciplinae documenta depromere; superstitionis hic olim regnantis memoria obli-
vione sepulta, sincerum veri Dei cultum, sacrorum Rituum maiestatem ubique splendere; mendacium Numinum eversa delubra,
summi Dei templa casta religione consecrata; impios theatrorum
ludos, et vesana Circensium spectacula ex hominum mentibus
obliterata, frequentata martyrum coemeteria, deiecta tyranno-
rum monumenta, apostolorum sepulcra imperatoriis manibus
aedificata; pretiosa quaeque Romanae superbiae ornamenta ad
sacrarum basilicarum cultum translata; et quae olim, subactis
provinciis, oblata diis gentium fuerant celsiora donaria, nunc ab
impura superstitione expiata, invictae crucis trophaeum iustius
et felicius sustinere. Ipse demum conspectus innumerabilis fidelium multitudinis hoc ipso anno ad Urbem, undique confluentis

iusto sanctoque gaudio cumulabit cor vestrum; dum suam quisque fidem in tot diversarum nationum linguarumque hominibus agnoscens, et cum his omnibus in caritate fraternitatis apud communem Matrem Ecclesiam Romanam in Domino congaudens, coelestium benedictionum rorem, tamquam de vertice Hermon in sanctae civitatis habitatores de proximo defluentem, uberius in se derivari persentiet.

k) *Ad haereticos et schismaticos* — Atque utinam Nobis datum esset, ad unitatem catholicae fidei redeuntes conspicere, ac vobiscum, dilecti filii, convenientes amplexari tot alios, olim eiusdem fidei, et conversationis alumnos, qui iamdiu diabolica fraude decepti, atque e domo pientissimae Matris digressi, adhuc de longe stant, et obturant aures suas, ne audiant illius vocem ad suum sinum eos amantissime revocantis. Sed numquid non audiunt? Numquid non intelligunt, quot, et quam variis errorum vanitatibus iactentur, ex quo derelinquentes eam, quam a Patribus acceperant, fidem, et unius catholicae, et apostolicae Ecclesiae antiqua et sancta deserentes instituta, hominum commentis intendere coeperunt, et tradiderunt se erudiendos iis, qui secundum voluntatem suam doctrinis variis et peregrinis eos abduxerunt? Sed heu! quam multi sunt inter illos, qui haec non ignorant! et quidem propriae cuiusque sectae fundamenta nutare, ac, si paululum excutiantur, facile labi et corruere, non diffitentur. At, quod magis deflendum est, prava quaedam incuria circa ea, quae Dei sunt, humanos animos occupavit, propter quam veritatis lumen, et conscientiae suae voces contemnunt, nec tam Ecclesiae catholicae, quam animarum suarum hostes, nolunt intelligere, ut bene agant, neque scrutari vias Domini rectas, per quas unice ad salutis portum reduci possunt. Expergiscantur saltem, fidei vestrae, ac devotionis exempla intuentes, ac serio tandem cogitent, inexcusabiles se fore apud divinum Iudicem, si oblatas sibi veritatis agnoscendae rationes aspernari pergent. Sit illis aemulationi ac pudori studiorum vestrorum manifesta concordia, in Dei cultu, in emendatione vitae, in unanimi observantia erga communem Patrem, Magni Pastoris Vicarium, cuius votorum summa est, ut repleatur terra scientia Domini, ac Dei honor, cum fidei christianae puritate, et morum sanctitate, apud omnes ubique gentes floreat et augescat. Id

postulabimus, velut agmine facto; id precum vestrarum suffragiis obtinere sperabimus a clementissimo Domino, qui a servis suis, quoties simul ipsum orare consenserint, quandam quasi vim sibi fieri profitetur; simulque eum pro Ecclesiae catholicae pace, pro christianorum principum felicitate, pro universi fidelis incolumitate precabimur.

1) *Episcopis demandatur Iubilaei publicatio* — Vos autem, venerabiles fratres, catholicae religionis antistites, patriarchae, primates, archiepiscopi, et episcopi, qui apud christianas plebes legatione fungimini pro Deo et Ecclesia, vocate coetum, congregate populum, annuntiate ipsis annum Domini acceptabilem; omnique ratione date operam, ut paternae caritatis nostrae consilium, ad Dei gloriam, totiusque Ecclesiae utilitatem, ex venerabilium praedecessorum nostrorum instituto susceptum, proposito Nobis non fraudetur effectu. Et quoniam misericors Deus exoptatissimam pacem, post diuturni belli calamitates, enixis populi sui obsecrationibus largiri dignatus est, ad ipsius populi emendationem, aeternamque salutem proficiat quod ad eius temporalem tranquillitatem contulit Dei nostri benignitas. Novum belli genus adversus salutis nostrae hostes nunc est suscipiendum. Cohibenda est ab omnibus opinandi, agendique licentia; coercenda vitae luxuria atque superbia; iniquorum quaestuum cupiditas refraenanda; expurganda omnis immunditia; reconciliandae simultates, abolenda sunt odia.

Agite ergo sacerdotes, ministri Dei, clangite tubis, et spiritale huiusmodi bellum adversus inimicos crucis Christi indicite. Confortate remissas militum vestrorum manus, soluta genua erigite; in primisque rectos gressus facite eorum pedibus, qui ad hanc religionis arcem, et inexpugnabile propugnaculum conferre se statuent. Audiant ex vobis, non se ad otiosam vagationem, aut ad curiosa spectacula huc evocari, sed ad tractanda christianae militiae arma, et ad colluctationis pugnaeque labores acciri. Quae autem arma Satanas pertimescit, nisi piorum vigilias, orationes, ieiunia, eleemosynas, christianaeque humilitatis, et misericordiae opera? Quibus nimirum et humanae cupiditatis tyrannica dominatio destruitur, et eius, quae in Deum, et in proximum est, caritatis regnum firmatur et ampliatur.

Ad hoc igitur pium bellum prodeuntes, oportet cruce Christi munitos, et in omni armatura Dei collectos incedere, ut ne quis

insidiantibus hostibus suppetat nocendi locus. Placidi, atque con-
cordes, modesti, ac religiosi, itinerum suorum spatia transcur-
rant; implorantes regimen, et misericordiam, et adiutorium Dei;
ut cuius signa sequi se profitentur, illius disciplina se dignos
exhibeant, et cuius auspiciis militant, eius etiam ductu et auxilio,
propositam victoriae coronam mereantur acquirere. Vos vero,
venerabiles fratres, dum haec iisdem insinuare curabitis, hoc
simul cogitate, quod facile est quidem exhortationis, et suasionis
officium; sed validiora sunt exempla, quam verba; et plenius est
opere docere, quam voce. Luceat itaque coram ipsis sanctae conversationis vestrae splendor, ut videant opera vestra bona, et
ad normam eorum, vitam moresque suos exigant, et conforment.
Hospitalitatis, beneficentiae et communionis nolite oblivisci; et
dum Ecclesia spiritualibus fidelium indigentiis uberiorem exhibet clementiae mansuetudinem, temporales quoque pauperum ne-
cessitates a pietate vestra, maiori misericordiae largitate, suble-
ventur.

m) *Principes hortatur peregrinis ut subveniant* — Carissimos quoque in Christo filios nostros, imperatorem electum, ac
reges, et principes omnes catholicos hortamur et rogamus in
Domino, ut quo plura etc. (vide: XII 1 l).

Ut vero etc. Nulli ergo etc. Si quis etc.

Datum Romae, apud S. Mariam Maiorem, anno Incarnationis Dominicae MDCCXLIX, III Nonas Maii, pontificatus nostri anno IX.

XIX 1. CLEMENS XIV « Salutis nostrae auctor » 30 Apr.
1774: *Indictio universalis Iubilaei anni sancti ab universo catholico orbe lucrandi.*

Clemens episcopus servus servorum Dei, universis christifidelibus, praesentes litteras inspecturis, salutem et apostolicam
benedictionem.

a) *De beneficio potestatis remittendi peccata* — Salutis
nostrae auctor Dominus noster Iesus Christus, cum ab antiqua
peccati servitute ad vitam ac libertatem sua passione, ac morte
vindicasset homines, atque in suae gloriae coheredes, ac Dei

filios cooptasset, immensum hoc iisdem beneficium adiunxit, nimirum siqui naturae infirmitate, suaque pravitate ab hac praeclara divinae hereditatis conditione misere deciderent, ut paratam rationem expiandi criminis haberent, et potestate illa remittendi peccata, una cum coelestis regni clavibus apostolorum Principi tradita, ad pristinam iustitiam, atque ad redemptionis fructus percipiendos redintegrari possent.

b) *De essentia Iubilaei* — Cum haec una divinae gratiae, ac salutis restituendae via relicta sit iis, qui a lege Domini aberrarint, nullam maiorem curam beati Petri, eiusque potestatis successores adhibuerunt, quam ut omnes ad hos misericordiae fontes evocarent, poenitentibus veniam pollicerentur, atque offerrent, et scelere alligatos, ac nexos modis omnibus ad remissionem allicerent. Qua quidem in re ad aeternam hominum incolumitatem pernecessaria, quamquam assiduae apostolici eorum ministerii curae sint versatae, tamen opportuniora quaedam tempora constituere, ac seligere voluerunt, quibus peccatores ad placandam divinam iustitiam, atque ad poenitentiam, tamquam ad unicam post naufragium tabulam, ampliori reconciliationis, ac veniae spe proposita excitarent, sibique concrediti indulgentiae thesauri copiam omnibus facerent. Propterea neque hominum aetas hac maxima propitiationis utilitate careret, Iubilaei annum sanctum, annum scilicet remissionis, et gratiae singulo quoque vicesimo quinto anno celebrandum, et hoc misericordiae perfugium in ipsa religionis Sede aperiendum instituerunt. Quorum saluberrimam consuetudinem Nos item consectati eumdem annum iam appropinquantem vobis universis, dilecti filii, qui in unitate, et consensione fidei Nobiscum, et cum hac sancta catholica Romana Ecclesia coniuncti estis, mature nuntiamus, vosque ad animarum vestrarum salutem operandam, et ad ea, quae maxima esse possunt, sanctificationis vestrae comparanda praesidia cohortamur. Quaecumque dispensationi nostrae sunt traditae a Christi sanguine profluentes clementiae, et miserationis divitiae, universas reserabimus. Praeterea locupletissimam satisfactionum copiam, quae beatissimae Dei Matris, atque apostolorum meritis, sanguine martyrum, bonorum omnium denique sancte pieque factis continentur, vobis affatim patefacturi sumus, quo faciliorem pacis, ac veniae consequendae aditum, tam amplis subsidiis a sanctorum commu-

nione profectis praestemus. Sanctorum siquidem praeclara societate, ac communione coniungimur, quicumque in unum Ecclesiae corpus, quod Christi corpus est, colligati sumus. Omnes
illius sanguine irrigamur, ac vivificamur, et singulis prodesse singuli possumus. Quo enim clarior esset, atque illustrior sui amoris, ac misericordiae magnitudo, atque infinita passionis, ac meritorum suorum vis, atque efficacia, redundare eamdem voluit,
ac adiungi reliquis mystici corporis partibus, ut ipsae etiam
mutua inter se opera, atque utilitatum communicatione ab illo
gratiae fonte derivata propter unitatem iuvarentur, utque hunc
in modum aeterni Patris benignitas ad clementiam erga nos
adhibendam, et immenso Filii sui sanguinis pretio, et illius causa,
ac virtute, sanctorum etiam meritis, ac suffragationis accessione
moveretur.

    c) *Indictio Iubilaei* — Ad hanc igitur indulgentiae parti-
cipandam ubertatem, atque ad hos Ecclesiae thesauros vos compellamus; et more, institutoque maiorum, ac de venerabilium
fratrum nostrorum S. R. E. cardinalium consensu, universalem,
ac maximum anni sancti Iubilaeum in hac alma Urbe nostra
celebrandum anno proximo MDCCLXXV, a primis vesperis vigiliae Nativitatis Domini nostri Iesu Christi huius anni inchoandum, et per totum sequentem annum duraturum, auctoritate
omnipotentis Dei, et beatorum apostolorum Petri et Pauli, et
nostra, ad ipsius Dei gloriam, catholicae Ecclesiae exaltationem,
et totius christiani populi sanctificationem indicimus, ac promulgamus.

    d) *Indulgentias basilicas visitantibus proponit* — e) *De le-
gitime impeditis* (vide: XVIII 4 g h).

    f) *Adhortatio ad universos christifideles* — Agite igitur
universi Ecclesiae filii, tempus hoc acceptabile, hos dies salutis
praeterlabi minime sinite, quin tantam propitiationis opportunitatem ad divinam conciliandam iustitiam, et assequendam gratiam adhibeatis. Nolite committere, ut itinerum labores, et com-
meandi difficultates moram vobis afferant. Neque enim convenit, cum rei augendae cupidos, ac urbium visendarum studio in-
censos nulla incommoda, atque impedimenta retinere, ac remo-
rari possint, vos in comparandis coelestis gratiae copiis, atque
in atriis Domini adeundis esse tardiores. Labores ipsi, tam prae-

stanti consilio suscepti magno vobis adiumento esse poterunt ad
uberrimos poenitentiae fructus referendos. Ac propterea vetus
haec peregrinationum consuetudo plurimae semper utilitatis in
Ecclesia fuit habita, quod molestiae, ac taedia in iis perficiendis
percepta, et compensationes praeteritorum scelerum essent, et
poenitendi voluntatem confirmarent. Ac si vestri animi ardor,
atque accensa in Deum caritas huiusmodi molestiae sensum vobis adimet, aut leniet, tamen haec spiritus alacritas maximam
vim obtinendae veniae habebit, et in partem satisfactionis pro
peccatis debitae accedet, cum eidem, qui multum diligit, multum
etiam remittatur. Quare ascendite in civitatem Sion, et domus
Domini ubertate replemini. Ipse huius Urbis fidei, ac pietatis
domicilii aspectus, sepulcra apostolorum, martyrum monumenta
vos ad poenitentiam agendam, ac Deum vobis placandum com-
movebunt. Cum terram hanc eorum sanguine imbutam lustrabi-
tis, cum tot eorum sanctitatis vestigia in vestros oculos undique
incurrent, fieri non poterit, ut quorum instituta, ac leges, quas
seculi illi sunt, et consectari vos profitemini, ab eorumdem imitatione longissime abesse non vehementer vos poeniteat. Templorum autem maiestas, divini cultus dignitas quantopere vos
excitabit, ut cum Dei vivi templum vos esse memineritis, eo
studiosiores in illo divinae gratiae muneribus exornando sitis,
quo antea procliviores in eodem violando, ac Spiritu Sancto
contristando fuistis. Iam vero aliorum etiam lacrimae, et sua
delicta plorantium, sibique a Deo veniam expetentium gemitus
mirifice vos ad parem pietatis, et doloris sensum impellent. Sed
in hoc vestro moerore, ac luctu maximum una voluptatis fructum vobis pariet haec ipsa tot gentium, ac nationum ad poenitentiae, et iustitiae opera confluentium multitudo. Neque enim
ullus vobis illo gratior, atque pulchrior esse poterit conspectus,
qui praeclarissimum crucis, ac religionis triumphum omnium
oculis quodammodo praeseferret. Sed maxima potissimum erit
nostra ex hoc pene universo Ecclesiae liberorum conventu iucun-
ditas. Ex mutua hac vestra caritatis, et pietatis contentione magna item praesidia, atque adiumenta Nobis minime defutura
arbitramur. Confidimus enim in vestris ad Deum precibus me-
mores vos futuros communis vestri, vestrumque omnium amant-
issimi parentis, et cum una Nobiscum precati eritis summum

bonorum largitorem pro fidei catholicae incolumitate, pro populorum omnium ab eius unitate aberrantium reditu, pro tranquillitate Ecclesiae, ac principum christianorum felicitate, nostram infirmitatem in gravissimo sustinendo munere votis, ac obsecrationibus vestris sublevaturos.

g) *Episcopos sibi adiutores exoptat Pontifex, illosque deprecatur ut alacrius solliciti animarum curae studere velint.* — At vos, venerabiles fratres, patriarchae, primates, archiepiscopi, episcopi, nostras has sollicitudines adiuvate, et nostras una partes, ac vestras agite : tempus hoc poenitentiae, ac propitiationis annuntiate populis sedulitati vestrae concreditis, omnique opera, atque auctoritate vestra curate, ut haec comparandae veniae opportunitas, quam paterna caritate omnibus ex veteri Ecclesiae instituto suppeditamus, maximam utilitatem ad animarum salutem afferat. A vobis audiant, quibus christianae humilitatis, ac misericordiae operibus exerceri eos oporteat, quo paratiores veniam ad praeclaros hos coelestis gratiae fructus hauriendos : in ieiuniis esse versandum, orationes, atque eleemosynas adhibendas, et praeceptis, et exemplis vestris intelligant. Vos ipsi, venerabiles fratres, si qui ad pastorales vestras vigilias id adiungetis, ut partem aliquam vestri gregis ad hanc religionis arcem, ad hos indulgentiae fontes, ad Nos, qui paterno animo vos excepturi, et complexuri sumus, deducatis : praeterquam quod, plurimus accedet ad hanc celebritatem splendor, maximas sane divinae misericordiae opes ex tam egregia opera, ac labore comparabitis, et easdem tamquam uberrimas merces referentes, cum reliquo vestro populo iucundissime communicabitis.

h) *Adhortatio ad principes.* — Minime quoque dubitamus, carissimos in Christo filios nostros imperatorem electum, reges, ac principes omnes catholicos Nobis auctoritate sua praesto futuros, ut haec de animarum salute consilia nostra, eximios, quos optamus, eventus habeant. Eos itaque vehementer rogamus, atque hortamur, ut pro praeclaro suo religionis studio venerabilium fratrum episcoporum sedulitati consentiant, eorumque curas adiuvent, commeantibus itinera, atque hospitia tuta reddant. Profutura haec illis magnopere ad regni tranquillitatem non ignorant, sibique propitium, ac placabilem Deum ipsum eo magis

effectura, quo sua ipsi opera in illius augenda apud populos
gloria erunt accuratiores.

Ut vero etc. Nulli ergo etc. Si quis etc.

Datum Romae, apud sanctam Mariam Maiorem, anno Incarnationis Dominicae MDCCLXXIV, pridie Kalendas Maii, pontificatus nostri anno V.

XX 2. LEO XII « QUOD HOC INEUNTE » 24 MAI. 1824: *Indictio universalis Iubilaei anni sancti millesimi octingentesimi vicesimi quinti.*

Leo episcopus servus servorum Dei, universis christifidelibus, praesentes litteras inspecturis, salutem et apostolicam benedictionem.

a) *Annuntiatio Anni Sancti* — Quod hoc ineunte saeculo
ex teterrima temporum asperitate omissum lamentabamur, id
tandem, faciente Domino miscrationes suas, prope iam esse, ut
ex more, institutoque maiorum feliciter peragatur, datum est
humilitati nostrae denuntiare vobis cum gaudio. Adstat nimirum
annus ille auspicatissimus, summaque religione venerandus, quo
ad hanc almam Urbem nostram, et beati Petri Sedem ex toto
orbe concurritur, et universis fidelibus ad pietatis officia excitatis,
cumulatissima quaeque reconciliationis, et gratiae praesidia in
animarum salutem proponuntur. Hoc quippe anno, quod vere
tempus acceptabile, ac salutis appellamus, praeclaram occasionem datam gratulamur, ut post miserandam malorum congeriem,
quae ingemuimus, salutari totius christiani populi expiatione omnia in Christo instaurare contenderemus. Decrevimus idcirco pro
tradita Nobis divinitus auctoritate coelestem illum thesaurum
latissime reserare, quem ex Christi Domini, eiusque Virginis
Matris, omniumque sanctorum meritis, passionibus, ac virtutibus comparatum auctor salutis humanae dispensationi nostrae
concredidit. Qua quidem in re magnificare Nos decet abundantes
divinae clementiae divitias, quibus praeveniens Nos Christus in
benedictionibus dulcedinis infinitam suorum meritorum vim ita
voluit in sui mystici corporis partes diffundi, ut ipsae etiam mutua inter se opera, ac saluberrima utilitatum coniunctione ex

fidei, quae per caritatem operatur, unitate invicem iuventur, immensoque dominici sanguinis pretio, et ob ipsius causam, ac virtutem meritis etiam, et suffragatione sanctorum remissionem lucrentur temporalis poenae, quam non totam semper, ut in baptismo fit, dimitti per poenitentiae sacramentum Tridentini Patres docuerunt.

b) *Ratio indicendi Iubilaeum* — Audiat itaque terra verba oris nostri, clangoremque sacerdotalis buccinae sacrum Iubilaeum populo Dei personantis, universus orbis laetus excipiat. Annum expiationis, et veniae, redemptionis, et gratiae, remissionis, et indulgentiae advenisse inclamamus, in quo longe sacratiori ratione in spiritualium bonorum cumulum per eum, per quem et gratia, et veritas facta est, illa novimus renovari, quae iam anno quolibet quinquagesimo apud Iudaicum populum lex vetus nuntia futurorum invexerat. Si enim divendita praedia, et quae alieni iuris effecta fuerant bona, anno illo salutari vindicabantur, nunc virtutes, et merita, et dona, quibus peccando exuimur, ex infinita Dei liberalitate recipimus. Si humanae tunc servitutis iura cessabant, acerbissimo in praesens diabolici dominatus iugo depulso, in libertatem evocamur filiorum Dei, in eam nimirum, qua donavit Nos Christus. Si demum ex legis praescripto pecuniae credita debitoribus condonabantur, ipsique nexu quolibet erant soluti, graviori Nos debito peccatorum absolvimur, poenisque ipsorum divina miseratione subducimur.

c) *Indictio Iubilaei* — Tot itaque, tantaque haec animarum lucra votis approperantes, fidentique animo per viscera misericordiae suae abs largitore bonorum omnium Deo adprecati, quod praestituti temporis ratio postulat, ac pia Romanorum Pontificum praedecessorum nostrorum admonent instituta, illorum vestigiis inhaerentes, de venerabilium fratrum nostrorum S. R. E. cardinalium assensu, universale, maximumque Iubilaeum in hac sacra Urbe a primis vesperis vigiliae Nativitatis sanctissimi Salvatoris nostri Iesu Christi proxime futurae inchoandum, et integro anno MDCCCXXV duraturum, auctoritate Dei omnipotentis, ac beatorum apostolorum Petri et Pauli, et nostra, ad ipsius Dei gloriam, catholicae Ecclesiae exaltationem, et totius christiani populi sanctificationem indicimus, et promulgamus.

d) *Indulgentias basilicas visitantibus proponit* — e) *De legitime impeditis* (vide : XVIII 4 g h).

f) *Hortentur christifidleles ne quavis de causa Romanam peregrinationem avertant* — Haec, filii, paterno vobis affectu annuntiamus, ut qui laboratis, et onerati estis, eo convo-
letis, ubi reficiendos vos fore certo scitis. Neque enim ad salutares opes petendas ex aeternis illis divinae gratiae aerariis, quae
sanctissima, atque indulgentissima aperit Mater Ecclesia, segnes
fas est esse, ac socordes, quando tanto intenditur studio terrenis
divitiis comparandis, quas et tinea corrumpit, et demolitur ae-
rugo. Cum vero ingens vel a priscis temporibus, et adsiduus hominum omnis ordinis concursus, diuturnis licet, infestisque itineribus, ex toto, qua late patet, orbe terrarum, invaluerit ad
princeps hoc artium bonarum domicilium invisendum, quod et
aedium magnificentia, et loci maiestate, et monumentorum pul-
chritudine suspiciunt pene ad prodigium effulgere; turpe equi-
dem foret, maximeque ab studio aeternae beatitudinis alienum,
vel difficultatem viarum, vel fortunarum discrimina, vel alias id
genus causas ad Romanam peregrinationem avertendam perte-
xere. Et est, dilecti filii, quod graviora quaelibet incommoda cumulatissime compenset : imo haud certe condignae erunt, si quae
fortassis occurrant, passiones ad futurae gloriae pondus, quod
parata in animarum bonum subsidia, Deo iuvante, operabuntur
in vobis. Fructus enim poenitentiae uberrimos inde metetis, quibus et corporis castigationem ex molestorum actuum diuturni-
tate offeratis Deo, et praefinita ex indulgentiarum legibus opera
sancte praestetis, et ad susceptam, constantemque de vindican-
dis, propulsandisque criminibus voluntatem novum hunc cumulum adiiciatis.

g) *Memorantur quae in sancta civitate conferant ad fidem, et caritatem fidelium excitandam* — Ascendite itaque ac-
cincti renes in sanctam hanc Hierusalem, sacerdotalem, regiam-
que civitatem, quae per sacram beati Petri Sedem caput orbis
effecta latius praesidere conspicitur religione divina, quam do-
minatione terrena. Haec quidem Urbs est, inquiebat S. Caro-
lus populares suos ad Romanum iter per annum sacrum adhor-
tans, haec Urbs est, cuius tellus, muri, arae, ecclesiae, martyrum
sepulcra, et quidquid oculis obversatur, sacrum quid animis in-
gerit, ut ii experiuntur, ac sentiunt, qui rite comparati sacros
illos recessus invisunt. Pensate enim, quantopere ad fidem, et

caritatem in spectantium animis excitandam conferat, vetusta
illa loca circumire, quibus mirifice commendatur religionis maiestas : tum statuere sibi ante oculos tot martyrum millia, qui
suo hanc terram sanguine sacravere, ipsorumque basilicas adire,
conspicere titulos, lypsana venerari. Iam vero, cum ita splendeat
coelum, quando radios sol emittit, ut Romanorum Urbs duas illas lucernas Petrum, et Paulum habens per totum orbem lucem
emittentes, ut inquiebat sanctus Ioannes Chrysostomus, quisnam,
nisi impensissimae devotionis affectu, auserit ad ipsorum confessiones accedere, ad sepulcrum procumbere, vincula auro, gem-
misque pretiosiora deosculari? Quis demum a lacrimis temperet,
quando vel Christi incunabula cernens, vagientem de praesepi
recogitet infantem Iesum, vel sacratissima dominicae passionis
instrumenta adorans, pendentem e ligno meditetur Redemptorem mundi?

Quae quidem religionis augusta monumenta cum singulari
quadam divinae providentiae liberalitate hac una in civitate coa-
luerint, sunt profecto iucundissima quaedam amoris pignora,
quo diligit Dominus portas Sion super omnia tabernacula Iacob,
vosque universos, dilecti filii, peramanter invitant, ut omni cun-
ctatione abiecta in montem conscendatis, in quo beneplacitum
est Deo habitare.

h) *Monitum ad omnes ordines Urbis* — Hic vero postulat sollicitudo nostra, ut almae Urbis ordines universos specia-
tim compellamus, id ipsis in mentem revocantes, oculos videlicet fidelium ex toto orbe huc adventantium in eosdem coniectos
esse ; nihil proinde, nisi grave, moderatum, et quod christianum
deceat, praeseferre ipsos debere, ut ex eorum moribus ceteri
exemplum petant pudoris, innocentiae, virtutum omnis generis.
Hinc catholicam Ecclesiam, Ecclesiaeque auctoritatem revereri,
praeceptis eius obtemperare, ecclesiasticis, et rebus et hominibus
magnum semper honorem tribuere perdiscant ceteri a populo
hoc electo, apud quem beatissimi Petri cathedram pastorum
Princeps voluit collocatam. Floreat in eo debita ecclesiis reverentia, ut nihil, quo cultus, locusque ipse despici, contemptuique
haberi videatur, nihil, quod honestis, et castis animis, et non
fictae verecundiae adversetur, notent externi homines, quibus
imo admirationi sit severa, et sancta disciplina, qua composito

quilibet habitu corporis declaret, se mente etiam, ac devoto cordis affectu, non solum corpore, divinis rebus adesse. Id et de festis diebus urgemus, ne qui dies sacris officiis obeundis, praestandoque in Deum, ac coelites honori sunt instituti, celebritati epularum, et ludorum, inconditisque laetitiis, ac lascivienti licentiae in civitate sancta appareant addicti. Tandem quaecumque sunt vera, quaecumque pudica, quaecumque iusta, quaecumque sancta, quaecumque amabilia, quaecumque bonae famae, haec splendeant in Romano populo, ut quam gloriam fidei, et pietatis vel ab ipso apostolo Paulo in exemplum commendatae, a maioribus, tanquam hereditatem omnium optimam, accepit, non modo nulla ipsum macula respersisse, sed etiam studiis, moribusque praeclaris illustrasse gratulemur.

Nos quidem bona hac spe recreamur, aemulaturum quemlibet charismata meliora, ovesque dominici gregis in pastoris amplexus adcurrentes fore aciem illam ordinatam, cuius vexillum caritas. Leva itaque Hierusalem in circuitu oculos tuos, et vide : Filii tui de longe venient, et mirabitur, et dilatabitur cor tuum... utinam vero veniant ad te curvi filii eorum, qui humiliaverunt te, adorentque vestigia pedum tuorum omnes, qui detrahunt tibi! Vos, vos omni apostolici nostri cordis affectu adloquimur, quos a vera Christi Ecclesia, et semita salutis adhuc abreptos ingemiscimus. In communi hac laetitia, quod deest unum, id parenti amantissimo deferte : ut nimirum superni Spiritus instinctu in admirabile lumen advocati, cum hac omnium matre, et magistra Ecclesia, extra quam non est salus, adempto quocumque divisionis laqueo, ex animo consentiatis. Nos quidem dilatantes cor nostrum, paterno vos sinu laeti excipiemus, Deoque totius consolationis benedicemus, qui Nos hisce misericordiae suae divitiis in summo catholicae veritatis triumpho locupletarit.

i) *Hortatio ad ordinarios ut sanctam peregrinationem subiectis suadeant* — At vos, venerabiles fratres, patriarchae, primates, archiepiscopi, episcopi, hisce nostris curis, studiisque adlaborate : vocate coetum, congregate populum, ut filii vestri ad ea dona suscipienda excitentur, quae in filios dilectionis per ministerium nostrae humilitatis pater misericordiarum dispensanda commisit. Breves meminerint esse dies huiusce nostrae

peregrinationis, et cum nesciamus, qua hora pater familias venturus sit, vigilandum idcirco esse, et lampades ardentes, plenas-
que oleo caritatis portandas in manibus, ut venienti Domino fe-
stinantes, lubentesque occurramus. Vestrarum item sit partium
disserere accurate, quanta indulgentiarum vis sit; quantus ha-
beatur earum fructus in remissione non canonicae solum, sed
et temporalis poenae pro peccatis debitae apud divinam iustitiam;
quantum denique subsidii a coelesti illo thesauro ex Christi, et
sanctorum meritis in eos etiam deferatur, qui cum vere poenitentes in Dei caritate decesserint, antequam dignis poenitentiae
fructibus de commissis satisfecerint, et omissis, adhuc tamen
ipsorum animae purgatorio igne expiantur, ut eis in aeternam
patriam ingressus pateat, in quam nihil coinquinatum ingreditur.
Adeste heic animo, venerabiles fratres; sunt enim, qui sapientiam
secuti, quae non ex Deo est, oviumque se velleribus obvolventes,
simulata ut plurimum purioris pietatis specie, prava etiam nunc
commenta in eam rem disseminant in populis. Iam vero gregem
edocete, quaenam praestare ipsum oporteat, quibus pietatis, et
caritatis officiis sese exercere, qua diligentia, quo doloris sensu
se, vitamque suam expendere, et quidquid vitiosum in moribus
extet, abiicere, et emendare, ut uberrimum, verumque fructum
sacratissimae indulgentiae consequatur.

Ceterum id vobis, venerabiles fratres, curandum quam maxime est, ut qui ex vestro grege peregrinandi consilium susceperint, religiose id obeant, cuncta nimirum in via fugiant, quae
pium eorum studium perturbare, et a sancto instituto abducere
possint, et illa potius instanter sectentur, quibus accendi religio
solet, atque incitari. Si vero pro personarum, locorumque ratione liberum vobis sit ad hanc religionis arcem venire, plurimus sane e vestro conspectu splendor ad hanc celebritatem accedet, maximas divinae misericordiae opes consciscetis, easdem-
que, veluti ditissimas merces referentes, cum reliquo vestro populo iucundissime communicabitis.

k) *Invitatio ad catholicos principes porrecta de obsecun-
dandis episcoporum curis* — Haud vero ambigimus, carissimos
in Christo filios nostros universos catholicos principes Nobis in
tanta hac re auctoritate, qua valent, adfuturos, ut haec de animarum salute consilia optatos exitus nanciscantur. Eos idcirco

rogamus, atque hortamur, ut pro praeclaro, quo in religionem feruntur studio, venerabilium fratrum episcoporum sedulitati obsecundent, curasque eorumdem summopere adiuvent, ac commeantibus intra suarum ditionum fines tuta ubique itinera, atque hospitia paranda curent, ne in pientissimo opere ulla iisdem inferatur iniuria. Eos certe non fugit, quaenam ubique facta fuerit conspiratio ad sanctissima rei et sacrae et publicae iura convellenda, et quae mirabilia operatus sit Dominus, qui extendens manum suam, arrogantiam fortium humiliavit. Reputent proinde ipsi animo, iuges ac debitas gratias Domino dominantium, qui fecit victoriam, esse agendas, tum humili, multaque prece divinae misericordiae praesidium exorandum, ut, cum serpat adhuc, quasi cancer, nequitia impiorum, opus, quod ipse incepit, pro sua in Nos clementia perficiat. Nos sane haec cum primis ob oculos habuimus, quando de Iubilaei celebratione deliberavimus, probe gnari, quodnam sacrificium laudis offeratur Deo communi hac totius christiani populi consensione ad coelestia illa munera assequenda, quorum thesauros omnes patefacimus. In id itaque et ipsi catholici principes contendant, et animo cum sint magno, et excelso, sacratissimum hoc opus impenso studio, adsiduoque praesidio contueantur. Experti enim dignoscent, hoc potissimum pacto divinas se misericordias advocaturos, ac vere pro suo se imperio peragere, quidquid ad rei sacrae incolumitatem, atque ad pietatem fovendam gesserint, ut omni enecato vitiorum semine invalescat seges laeta virtutum.

1) *De precibus effundendis pro fidei bono, et errantium reditu ad veritatem* — Verum ut haec omnia e voto succedant, vestras, filii quotquot estis ex Christi ovili, preces apud Deum exquirimus: confidimus enim communibus votis, et obsecrationibus, quibus et pro fidei catholicae bono et pro errantium reditu ad veritatem, ac pro principum felicitate divinas miserationes deposcatis, nostram vos infirmitatem in gravissimo sustinendo munere esse quam maxime sublevaturos.

Ut autem etc. Nulli ergo etc. Si quis etc.

Datum Romae, apud Sanctum Petrum, anno Incarnationis Dominicae MDCCCXXIV, IX Kalendas Iunii, pontificatus nostri anno I.

XXI 1. PIUS IX « Gravibus Ecclesiae » 24 Dec. 1874: *Indictio universalis Iubilaei anni sancti MDCCCLXXV*.

Pius Papa IX, venerabiles fratres et dilecti filii, salutem et apostolicam benedictionem.

a) *De indulgentia in forma Iubilaei occasione Vaticani Concilii* — Gravibus Ecclesiae et huius saeculi calamitatibus ac divini praesidii implorandi necessitate permoti, nunquam Nos pontificatus nostri tempore excitare praetermisimus christianum populum, ut Dei maiestatem placare et caelestem clementiam sanctis vitae moribus, poenitentiae operibus, et piis supplicationum officiis promereri adniteretur. In hunc finem pluries spirituales indulgentiarum thesauros apostolica liberalitate christifidelibus reservavimus, ut inde ad veram poenitentiam incensi et per reconciliationis sacramentum a peccatorum maculis expiati ad thronum gratiae fidentius accederent, ac digni fierent ut eorum preces benigne a Deo exciperentur. Hoc autem uti alias, sic praesertim occasione sacrosancti oecumenici Vaticani Concilii praestandum censuimus, ut gravissimum opus ad Ecclesiae universae utilitatem institutum, totius pariter Ecclesiae precibus apud Deum adiuvaretur, ac suspensa licet ob temporum calamitates eiusdem Concilii celebratione, indulgentiam tamen in forma Iubilaei consequendam ea occasione promulgatam, in sua vi, firmitate, et vigore manere, uti manet adhuc, ad populi fidelis bonum ediximus et declaravimus.

b) *De universali Iubilaeo durante saeculo decimo nono* — Verum procedente miserorum temporum cursu, adest iam annus septuagesimus quintus supra millesimum octingentesimum, annus nempe qui sacrum illud temporis spatium signat, quod sancta maiorum nostrorum consuetudo, et Romanorum Pontificum praedecessorum nostrorum instituta universalis Iubilaei solemnitati celebrandae consecrarunt. Quanta Iubilaei annus, ubi tranquilla Ecclesiae tempora illum rite celebrari annuerunt, veneratione et religione sit cultus, vetera ac recentiora historiae monumenta testantur; habitus enim semper fuit uti annus salutaris expiationis totius christiani populi, uti annus redemptionis et gratiae, remissionis et indulgentiae, quo ad hanc almam Urbem nostram et Petri Sedem ex toto orbe concurre-

batur, et fidelibus universis ad pietatis officia excitatis cumulatissima quaeque reconciliationis et gratiae praesidia in animarum
salutem offerebantur. Quam piam sanctamque solemnitatem hoc
ipsum nostrum saeculum vidit, cum nempe LEONE XII fel. record. praedecessore nostro Iubilaeum anno 1825 indicente, tanto christiani populi fervore hoc beneficium exceptum fuit, ut
idem Pontifex perpetuum in hanc Urbem peregrinorum per totum annum concursum adfuisse, et religionis, pietatis, fidei, caritatis, omniumque virtutum splendorem in ea mirifice eluxisse
gratulari potuerit. Utinam ea nunc nostra et civilium ac sacrarum rerum conditio esset, ut quam Iubilaei maximi solemnitatem
anno huius saeculi 1850 occurrentem, propter luctuosam temporum rationem Nos omittere debuimus, nunc saltem feliciter celebrare possemus iuxta veterem illum ritum et morem, quem
maiores nostri servare consueverunt!

c) *De difficultatibus huius temporis* — At, Deo sic per-
mittente, non modo non sublatae sed auctae magis in dies sunt
magnae illae difficultates, quae tunc temporis Nos ab indicendo
Iubilaeo prohibuerunt. Verumtamen reputantes Nos animo tot
mala quae Ecclesiam affligunt, tot conatus hostium eius ad Christi fidem ex animis revellendam, ad sanam doctrinam corrum-
pendam et impietatis virus propagandum conversos, tot scanda-
la quae in Christo credentibus ubique obiiciuntur, corruptelam
morum late manantem, ac turpem divinorum humanorumque iu-
rium eversionem tam late diffusam tot fecundam ruinis, quae
ad ipsum recti sensus in hominum animis labefactandum spectat;
ac considerantes in tanta congerie malorum, maiori etiam Nobis
pro apostolico nostro munere curae esse debere, ut fides, religio
ac pietas muniatur ac vigeat, ut precum spiritus late foveatur
et augeatur, ut lapsi ad cordis poenitentiam et morum emendationem excitentur, ut peccata, quae iram Dei meruerunt, sanctis
operibus redimantur, quos ad fructus maximi Iubilaei celebratio praecipue dirigitur; pati Nos non debere putavimus, ut hoc
salutari beneficio, servata ea forma, quam temporum conditio
sinit, christianus populus hac occasione destitueretur, ut inde
confortatus spiritus in viis iustitiae in dies alacrior incedat, et
expiatus culpis facilius ac uberius divinam propitiationem et veniam assequatur.

d) *Indictio Anni Sancti et suspensio memoratae indulgentiae occasione Vaticani Concilii* —Excipiat igitur universa Christi militans Ecclesia voces nostras, quibus ad eius exaltationem, ad christiani populi sanctificationem et ad Dei gloriam universale maximumque Iubilaeum integro anno 1875 proxime insequenti duraturum indicimus annuntiamus et promulgamus : cuius Iubilaei causa et intuitu superius memoratam indulgentiam occasione Vaticani Concilii in forma Iubilaei concessam, ad beneplacitum nostrum et huius apostolicae Sedis suspendentes ac suspensam declarantes, caelestem illum thesaurum latissime recludimus, quem ex Christi Domini eiusque Virginis Matris omniumque sanctorum meritis passionibus ac virtutibus comparatum, Auctor salutis humanae dispensationi nostrae concredidit.

e) *De requisitis ad indulgentiam lucrandam ét in Urbe ét extra eam* — Itaque Dei misericordia et beatorum Petri et Pauli apostolorum eius auctoritate confisi, ex suprema ligandi atque solvendi, quam Nobis Dominus, licet immeritis, contulit potestate, omnibus et singulis christifidelibus, tum in alma Urbe nostra degentibus, vel ad eam advenientibus, tum extra Urbem praedictam in quacumque mundi parte exsistentibus, et in apostolicae Sedis gratia ét obedientia manentibus, vere poenitentibus et confessis et sacra Communione refectis, quorum primi BB. Petri et Pauli necnon S. Ioannis Lateranensis et S. Mariae Maioris de Urbe basilicas semel saltem in die per quindecim continuos aut interpolatos dies sive naturales sive etiam ecclesiasticos, nimirum a primis vesperis unius diei usque ad integrum ipsius subsequentis diei vespertinum crepusculum computandos, alteri autem ecclesiam ipsam cathedralem seu maiorem, aliasque tres eiusdem civitatis aut loci sive in illius suburbiis existentes ab ordinariis locorum vel eorum vicariis aliisve de ipsorum mandato, postquam ad illorum notitiam hae nostrae litterae pervenerint, designandas, semel pariter in die per quindecim continuos aut interpolatos dies, ut supra, devote visitaverint, ibique pro catholicae Ecclesiae et huius apostolicae Sedis prosperitate et exaltatione, pro extirpatione heresum, omniumque errantium conversione, pro totius populi christiani pace et unitate ac iuxta mentem nostram pias ad Deum preces effuderint, ut plenissimam anni Iubilaei omnium peccatorum suorum indulgentiam,

remissionem et veniam, annuo temporis spatio superius memorato semel consequantur, misericorditer in Domino concedimus et impertimus, annuentes, etiam ut haec indulgentia animabus quae Deo in caritate coniunctae ex hac vita migraverint, per modum suffragii applicari possit ac valeat.

f) *Facultates et dispensationes* — Navigantes vero et iter agentes, ut, ubi ad sua domicilia seu alio ad certam stationem se receperint, suprascriptis peractis, et visitata totidem vicibus ecclesia cathedrali vel maiori, aut parochiali loci eorum domicilii seu stationis huiusmodi, eamdem indulgentiam consequi possint et valeant. Nec non praedictis locorum ordinariis, ut cum monialibus, oblatis, aliisque puellis aut mulieribus sive in monasteriorum clausura, sive in aliis religiosis aut piis domibus et communitatibus vitam ducentibus, anachoretis quoque et eremitis, ac aliis quibuscumque tam laicis, quam ecclesiasticis personis saecularibus in carcere, aut captivitate exsistentibus, vel aliqua corporis infirmitate, seu alio quoque impedimento detentis, quominus supra expressas visitationes exequi possint, super praescriptis huiusmodi visitationibus tantummodo; cum pueris autem, qui nondum ad primam Communionem admissi sint, etiam super Communione huiusmodi dispensare, ac illis omnibus, et singulis sive per seipsos, sive per eorum, earumque regulares praelatos aut superiores, vel per prudentes confessarios alia pietatis caritatis aut religionis opera in locum visitationum huiusmodi seu respective in locum sacramentalis Communionis praedictae ab ipsis adimplenda praescribere; atque etiam capitulis et congregationibus tam saecularium, quam regularium, sodalitatibus, confraternitatibus, universitatibus, seu collegiis quibuscumque ecclesias huiusmodi processionaliter visitantibus, easdem visitationes ad minorem numerum pro suo prudenti arbitrio reducere possint ac valeant, earundem tenore praesentium concedimus pariter et indulgemus.

g) *De casibus reservatis* — Insuper iisdem monialibus, earumque novitiis, ut sibi ad hunc effectum confessarium quemcumque ad excipiendas monialium confessiones ab actuali ordinario loci, in quo earum monasteria sunt constituta, approbatum; ceteris autem omnibus et singulis utriusque sexus christifidelibus tam laicis quam ecclesiasticis saecularibus, et cuiusvis ordinis, congregationis, et instituti etiam specialiter nominandi

regularibus licentiam concedimus et facultatem, ut sibi ad eumdem effectum eligere possint quemcumque presbyterum confessarium tam saecularem, quam cuiusvis etiam diversi ordinis, et
instituti regularem ab actualibus pariter ordinariis, in quorum
civitatibus, dioecesibus, et territoriis confessiones huiusmodi ex-
cipiendae erunt, ad personarum saecularium confessiones au-
diendas approbatum, qui intra dictum anni spatium illas, et illos, qui scilicet praesens Iubilaeum consequi sincere et serio sta-
tuerint, atque ex hoc animo ipsum lucrandi, et reliqua opera ad
id lucrandum necessaria adimplendi ad confessionem apud ipsos
peragenda accedant, hac vice, et in foro conscientiae dumtaxat
ab excommunicationis, suspensionis, et aliis ecclesiasticis senten-
tiis, et censuris a iure vel ab homine quavis de causa latis seu
inflictis, etiam ordinariis locorum et Nobis seu Sedi apostolicae, etiam in casibus cuicumque, ac Summo Pontifici, et Sedi
apostolicae speciali licet forma reservatis, et qui alias in concessione quantumvis ampla non intelligerentur concessi, necnon
ab omnibus peccatis, et excessibus quantumcumque gravibus et
enormibus, etiam iisdem ordinariis, ac Nobis et Sedi apostolicae, ut praefertur, reservatis, iniuncta ipsis poenitentia salutari,
aliisque de iure iniungendis absolvere; necnon vota quaecumque
etiam iurata ac Sedi apostolicae reservata (castitatis, religionis
et obligationis, quae a tertio acceptata fuerint, seu in quibus
agatur de praeiudicio tertii semper exceptis, necnon poenalibus,
quae praeservativa a peccato nuncupantur, nisi commutatio futura iudicetur eiusmodi, ut non minus a peccato committendo re-
fraenet, quam prior voti materia) in alia pia et salutaria opera
commutare, et cum poenitentibus huiusmodi in sacris ordinibus
constitutis etiam regularibus super occulta irregularitate ad ex-
ercitium eorundem ordinum, et ad superiorum assecutionem ob
censurarum violationem dumtaxat contracta dispensare possint
et valeant, eadem auctoritate, et apostolicae benignitatis amplitu-
dine concedimus et indulgemus.

Non intendimus autem per praesentes super aliqua alia irregularitate vel publica vel occulta, seu defectu, aut nota, aliave
incapacitate, aut inhabilitate quoquomodo contractis dispensare,
vel aliquam facultatem tribuere super praemissis dispensandi, seu
habilitandi, et in pristinum statum restituendi etiam in foro con-

scientiae; neque etiam derogare constitutioni cum opportunis declarationibus editae a fel. record. BENEDICTO XIV praedecessore nostro incipien. « Sacramentum poenitentiae » sub datum kalendis Iunii anni Incarnationis Dominicae 1741 pontificatus sui anno primo. Neque demum easdem praesentes iis qui a Nobis et apostolica Sede, vel ab aliquo praelato, seu iudice ecclesiastico nominatim excommunicati, suspensi, interdicti, seu alias in sententias et censuras incidisse declarati, vel publice denuntiati fuerint, nisi intra tempus anni praedicti satisfecerint, et cum partibus, ubi opus fuerit, concordaverint ullo modo suffragari posse, aut debere.

h) *De legitime impeditis* — Ceterum si qui post inchoatum huius Iubilaei consequendi animo praescriptorum operum implementum morte praeventi praefinitum visitationum numerum complere nequiverint, Nos piae promptaeque illorum voluntati benigne favere cupientes, eosdem vere poenitentes, et confessos, ac sacra Communione refectos praedictae indulgentiae et remissionis participes perinde fieri volumus, ac si praedictas ecclesias diebus praescriptis reipsa visitassent. Si qui autem post obtentas vigore praesentium absolutiones a censuris, aut votorum commutationes, seu dispensationes praedictas, serium illud ac sincerum ad id alias requisitum propositum eiusdem Iubilaei lucrandi, ac proinde reliqua ad id lucrandum necessaria opera adimplendi mutaverint, licet propter id ipsum a peccati reatu immunes censeri vix possint; nihilominus huiusmodi absolutiones, commutationes, et dispensationes ab ipsis cum praedicta dispositione obtentas in suo vigore persistere decernimus ac declaramus.

i) *De suspensione aliarum indulgentiarum* — Praesentes quoque litteras per omnia validas et efficaces existere suosque plenarios effectus ubicumque per locorum ordinarios publicatae et executioni demandatae fuerint, sortiri et obtinere, omnibusque christifidelibus in apostolicae Sedis gratia et obedientia manentibus in huiusmodi locis commorantibus, sive ad illa postmodum ex navigatione et itinere se recipientibus plenissime suffragari volumus, atque decernimus : non obstantibus de indulgentiis non concedendis ad instar, aliisque apostolicis, et in universalibus, provincialibus, et synodalibus conciliis editis con-

stitutionibus, ordinationibus, et generalibus seu specialibus ab-
solutionum, seu relaxationum, ac dispensationum reservationi-
bus, necnon quorumcumque etiam mendicantium, et militarium
ordinum, congregationum, et institutorum etiam iuramento, confirmatione apostolica, vel quavis firmitate alia roboratis statutis,
legibus, usibus, et consuetudinibus, privilegiis quoque, indultis,
et litteris apostolicis eisdem concessis, praesertim in quibus ca-
veatur expresse, quod alicuius ordinis, congregationis, et instituti huiusmodi professores extra propriam religionem peccata sua confiteri prohibeantur. Quibus omnibus et singulis etiamsi pro illorum sufficienti derogatione de illis eorumque totis te-
noribus specialis specifica, expressa, et individua mentio facien-
da, vel alia exquisita forma ad id servanda foret, huiusmodi tenores pro insertis, et formas pro exactissime servatis habentes
pro hac vice, et ad praemissorum effectum dumtaxat plenissime
derogamus, ceterisque contrariis quibuscumque.

    k) *Adhortatio ad episcopos* — Dum vero pro apostolico
munere quo fungimur, et pro ea sollicitudine qua universum
Christi gregem complecti debemus, salutarem hanc remissionis
et gratiae consequendae opportunitatem proponimus, facere non
possumus quin omnes patriarchas, primates, archiepiscopos, episcopos, aliosve ordinarios locorum, praelatos sive ordinariam lo-
calem iurisdictionem in defectu episcoporum et praelatorum
huiusmodi legitime exercentes, gratiam et communionem Sedis
apostolicae habentes, per nomen Domini nostri et omnium Pastorum Principis Iesu Christi enixe rogemus et obsecremus, ut
populis fidei suae commissis tantum bonum annuntient, summo-
que studio agant, ut fideles omnes per poenitentiam Deo recon-
ciliati Iubilaei gratiam in animarum suarum lucrum utilitatem-
que convertant. Itaque vestrae imprimis curae erit, venerabiles
fratres, ut implorata primum publicis precibus divina clementia
ad hoc ut omnium mentes et corda sua luce et gratia perfundat,
opportunis instructionibus et admonitionibus christiana plebs ad
percipiendum Iubilaei fructum dirigatur, atque accurate intel-
ligat quae sit christiani Iubilaei ad animarum utilitatem ac lucrum vis et natura, in quo spirituali ratione ea bona per Christi
Domini virtutem cumulatissime complentur, quae anno quolibet
quinquagesimo apud Iudaicum populum lex vetus nuntia futurorum invexerat; utque simul apte edoceatur de indulgentiarum

vi, ac de iis omnibus, quae ad fructuosam peccatorum confessionem et ad sacramentum Eucharistiae sancte percipiendum peragere debeat. Quoniam vero nedum exemplum, sed ministerii ecclesiastici opera omnino requiritur, ut in populo Dei optati sanctificationis fructus habeantur, vestrorum sacerdotum zelum, venerabiles fratres, ad ministerium salutis hoc potissimum tempore alacriter exercendum inflammare non omittite: atque ad commune bonum, ubi hoc fieri possit, plurimum conferet, si ipsi pietatis et religionis exemplo christiano populo praeeuntes, spiritualium exercitationum ope suae sanctae vocationis spiritum renovent, ut deinde utilius ac salutarius in suis muneribus explendis, et in sacris missionibus apud populum habendis, statuto a vobis ordine et ratione versentur. Cum porro tot sint hoc saeculo mala, quae reparentur, et bona quae promoveantur, assumentes gladium spiritus, quod est verbum Dei, omnem curam impendite, ut populus vester ad detestandum immane crimen blasphemiae adducatur, quo nihil est tam sanctum quod hoc tempore non violetur, utque de diebus festis sancte colendis, de ieiunii et abstinentiae legibus ex Ecclesiae Dei praescripto servandis sua officia cognoscat et impleat, atque ita vitare possit poenas, quas harum rerum contemptus evocavit in terras. In tuenda cleri disciplina, in recta clericorum institutione curanda vestrum pariter studium ac zelus constanter advigilet, omnique qua potestis ratione auxilium circumventae iuventuti afferte, quae in quanto discrimine sit posita, et quam gravi ruinae obnoxia, a vobis non ignoratur. Hoc mali genus ita acerbum fuit divini ipsius Redemptoris cordi, ut in eius auctores ea verba protulerit « quisquis scandalizaverit unum ex his pusillis credentibus in me, bonum est ei magis si circumdaretur mola asinaria in collo eius et in mare mitteretur » (Mc. IX, 41). Nihil autem magis dignum est sacri Iubilaei tempore, quam ut omnigenae caritatis opera impensius exerceantur: ac propterea vestri etiam zeli erit, venerabiles fratres, ut subveniatur pauperi, ut peccata eleemosynis redimantur, quarum tam multa bona in scripturis sacris recensentur: et quo latius caritatis fructus maneat ac stabilior evadat, opportunum admodum erit ut caritatis subsidia ad fovenda vel excitanda pia illa instituta conferantur, quae utilitati animarum et corporum plurimum conducere hoc

tempore existimantur. Si ad haec bona assequenda omnium vestrum mentes et studia consenserint, fieri non potest, quin Regnum Christi et iustitia eius magna incrementa suscipiat, et hoc
tempore acceptabili his diebus salutis magnam supernorum munerum copiam super filios dilectionis clementia caelestis effundat.

1) *Adhortatio ad omnes fideles* — Ad vos denique catholicae Ecclesiae, filii universi, sermonem nostrum convertimus,
omnesque et singulos paterno affectu cohortamur, ut hac Iubilaei
veniae assequendae occasione ita utamini, quemadmodum sincerum salutis vestrae studium a vobis exposcit. Si unquam alias
nunc certe pernecessarium est, filii dilectissimi, conscientiam
emundare ab operibus mortuis, sacrificare sacrificia iustitiae, facere fructus dignos poenitentiae, et seminare in lacrimis ut cum
exultatione metamus. Satis innuit divina Maiestas quid a nobis
postulet, cum iamdiu ob pravitatem nostram sub increpatione
eius, sub inspiratione spiritus irae suae laboremus. Iamvero « solent homines quotiescumque necessitatem arduam nimis patiuntur, ad proximas gentes auxilii causa destinare legatos. Nos quod
est melius legationem ad Deum destinemus » ; ab Ipso imploremus
auxilia, ad Ipsum nos corde, orationibus, ieiuniis et eleemosynis
conferamus. Nam « quanto Deo viciniores fuerimus, tanto adver-
sarii nostri a nobis longius repellentur » (S. Maximus Taurinen.
Hom. XCI). Sed vos praecipue audite apostolicam vocem, pro
Christo enim legatione fungimur, vos qui laboratis et onerati
estis, et a semita salutis errantes sub iugo pravarum cupiditatum
et diabolicae servitutis urgemini. Ne vos divitias bonitatis, patientiae et longanimitatis Dei contemnatis ; et dum tam ampla, tam
facilis veniae consequendae copia paratur vobis, nolite contu-
macia vestra inexcusabiles vos facere apud divinum iudicem, et
thesaurizare vobis iram in die irae et revelationis iusti iudicii
Dei. Redite itaque praevaricatores ad cor, reconciliamini Deo ;
mundus transit et concupiscentia eius ; abiicite opera tenebrarum,
induimini arma lucis, desinite hostes esse animae vestrae, ut ei
tandem pacem in hoc saeculo, et in altero aeterna iustorum praemia concilietis.

Haec sunt vota nostra : haec a clementissimo Domino postulare non cessabimus ; atque omnibus catholicae Ecclesiae filiis,
hac precum societate Nobiscum coniunctis, haec ipsa bona a

Patre misericordiarum Nos cumulate assecutoros esse confidimus. Ad faustum interea et salutarem huius sancti operis fructum sit auspex omnium gratiarum omniumque caelestium munerum apostolica benedictio, quam vobis omnibus, venerabiles, et vobis, dilecti filii, quotquot in catholica Ecclesia censemini ex intimo corde depromptam peramanter in Domino impertimus.

Datum Romae, apud S. Petrum, die XXIV Decembris anno MDCCCLXXIV.

XXII 1. LEO XIII « PROPERANTE AD EXITUM SAECULO » 11 MAI. 1899 : *Indictio universalis Iubilaei anni sancti millesimi noningentesimi.*

Leo episcopus servus servorum Dei, universis christifidelibus, praesentes litteras inspecturis, salutem et apostolicam benedictionem.

a) *Memoria Iubilaei magni Leonis XII* — Properante ad exitum saeculo, quod annuente Deo Nos ipsi prope totum emensi vivendo sumus, animum volentes induximus rem ex instituto maiorum decernere, quae saluti populo christiano sit, ac simul curarum nostrarum, qualescumque in gerendo pontificatu maximo fuerint, extremum velut vestigium ostendat. Iubilaeum magnum dicimus, iam inde antiquitus in christianos mores inductum, decessorumque nostrorum providentia sancitum : quem tradita a patribus consuetudo Annum Sanctum appellat, tum quod solet esse caeremoniis sanctissimis comitatior, tum maxime quod castigandis moribus renovandisque ad sanctitatem animis adiumenta uberiora suppeditat. Testes ipsi sumus quanto opere is ad salutem valuit qui postremo actus est ritu solemni, Nobis videlicet adolescentibus, LEONE XII pontifice maximo : quo tempore magnum tutissimumque religioni publicae theatrum Roma praebuit. Memoria tenemus ac videre propemodum etiam nunc videmur peregrinorum frequentiam : circumeuntem templa augustissima, disposito agmine, multitudinem : viros apostolicos concionantes in publico : celeberrima Urbis loca divinis laudibus personantia : pietatis caritatisque exempla edentem in oculis omnium, magno cardinalium comitatu, pontificem. Cuius recorda-

tione memoriae ex temporibus iis ad ea, quae nunc sunt, mens
acerbius revocatur. Earum quippe rerum quas diximus, quaeque
si in luce civitatis, nulla re impediente, peragantur, mire alere
atque incitare pietatem popularem solent, nunc quidem, mutato
Urbis statu, aut nulla facultas est, aut in alieno posita arbitrio.

b) *Ratio temporis postulat, ut homines adhibeant remedia
morbis animarum* — Utcumque sit, fore confidimus ut salu-
brium consiliorum adiutor Deus voluntati huic nostrae, quam in
eius gratiam gloriamque suscepimus, cursum prosperum ac sine
offensione largiatur. Quo enim spectamus, aut quid volumus?
Hoc nempe unice, efficere homines, quanto plures nitendo possumus, salutis aeternae compotes, huiusque rei gratia morbis
animorum ea ipsa, quae Iesus Christus in potestate nostra esse
voluit, adhibere remedia. Atque id a Nobis non modo munus
apostolicum, sed ipsa ratio temporis plane videtur postulare. Non
quod recte factorum laudumque christianarum sit sterile saeculum: quin imo abundant, adiuvante Deo, exempla optima, nec
virtutum genus est ullum tam excelsum tamque arduum, in quo
non excellere magnum numerum videamus: vim namque pro-
creandi alendique virtutes habet christiana religio divinitus in-
sitam, eamque inexhaustam ac perpetuam. Verum si circumspi-
ciendo quis intuetur in partem alteram, quae tenebrae, quantus
error, quam ingens multitudo in interitum ruentium sempiter-
num! Angimur praecipuo quodam dolore, quotiescumque venit
in mentem quanta pars christianorum, sentiendi cogitandique
licentia deliniti, malarum doctrinarum veneno sitienter hausto,
fidei divinae in se ipsi grande munus quotidie corrumpant. Hinc
christianae taedium vitae, et late fusa morum labes: hinc illa
rerum, quae sensibus percipiantur, acerrima atque inexplebilis
appetentia, curaeque et cogitationes omnes aversae a Deo, humi
defixae. Ex quo fonte teterrimo dici vix potest quanta iam in
ea ipsa, quae sunt civitatum fundamenta, pernicies influxit. Nam
contumaces vulgo spiritus, motus turbidi popularium cupiditatum, caeca pericula, tragica scelera, nihil denique sunt aliud,
si libet causam introspicere, nisi quaedam de adipiscendis fruen-
disque rebus mortalibus exlex atque effrenata decertatio.

c) *De essentia Anni Sancti* — Ergo interest privatim et
publice, admoneri homines officii sui, excitari consopita veterno

pectora, atque ad studium salutis revocari quotquot in singulas
prope horas discrimen temere adeunt pereundi, perdendique per
socordiam aut superbiam caelestia atque immutabilia bona, ad
quae sola nati sumus. Atqui huc omnino pertinet annus sacer:
etenim per id tempus totum Ecclesia parens, nonnisi lenitatis
et misericordiae memor, omni qua potest ope studioque conten-
dit ut in melius humana consilia referantur, et quod quisque
deliquit, luat emendatrix vitae poenitentia. Hoc illa proposito,
multiplicata obsecratione auctaque instantia, placare nititur vio-
latum Dei numen, arcessere e caelo munerum divinorum copiam:
lateque reclusis gratiae thesauris, qui sibi sunt ad dispensandum
commissi, vocat ad spem veniae universitatem christianorum,
tota in eo ut reluctantes etiam voluntates abundantia quadam
amoris indulgentiaeque pervincat. Quibus ex rebus quid ni ex-
pectemus fructus uberes, si Deo placet, ac tempori accommo-
datos?

d) *Excessus undevicesimi saeculi vicesimique ortus augent
opportunitatem Anni Sancti* — Augent opportunitatem rei ex-
traordinaria quaedam sollemnia de quibus iam, opinamur, satis
notitia percrebuit: quae quidem sollemnia excessum undevicesimi saeculi vicesimique ortum quodam modo consecraverint.
Intelligi de honoribus volumus Iesu Christo Servatori medio
eo tempore ubique terrarum habendis. Hac de re excogitatum
privatorum pietate consilium laudavimus libentes ac probavi-
mus: quid enim fieri sanctius aut salutarius queat? Quae genus
humanum appetat, quae diligat, quae speret, ad quae tendat, in
unigenito Dei Filio sunt omnia: is enim est salus, vita, resur-
rectio nostra: quem velle deserere, est velle funditus interire.
Quamobrem etsi numquam silet, imo perpetua viget omnibus
locis ea, quae Domino nostro Iesu Christo debetur, adoratio,
laus, honos, gratiarum actio, tamen nullae gratiae nullique ho-
nores possunt esse tanti, quin longe plures ei debeantur longe-
que maiores. Praeterea num paucos saeculum tulit immemori
ingratoque animo, qui divino servatori suo pro pietate contem-
ptum, pro beneficiis iniurias referre consueverint? Certe ipsa ab
eius legibus praeceptisque vita discrepans plurimorum argumen-
to est flagitiosae ingratissimaeque voluntatis. Quid quod de
ipsa Iesu divinitate Arianum scelus non semel renovatum nostra
vidit aetas? Macti itaque animo, quotquot populari incitamentum

pietati consilio isto novo pulcherrimoque praebuistis; quod tamen ita efficere oportet, nihil ut Iubilaei curriculum, nihil statuta sollemnia impediat. In proxima ista catholicorum hominum significatione religionis ac fidei id quoque propositum inerit, detestari quaecumque impie dicta patratave memoria nostra sint, deque iniuriis augustissimo Iesu Christi numini praesertim publice illatis, publice satisfacere. Nunc autem, si vera quaerimus, genus satisfactionis maxime optabile et solidum et expressum et inustum notis veritatis illud omnino est, deliquisse poenitere, et pace a Deo veniaque implorata, virtutum officia aut impensius colere aut intermissa repetere. Cui quidem rei cum tantas habeat annus sacer opportunitates, quantas initio attigimus, rursus apparet oportere atque opus esse ut populus christianus accingat se plenus animi ac spei.

e) *Indictio Iubilaei* — Quapropter sublatis in caelum oculis, divitem in misericordia Deum enixe adprecati, ut votis inceptisque nostris benigne annuere, ac virtute sua illustrare hominum mentes itemque permovere animos pro bonitate sua velit: Romanorum Pontificum decessorum nostrorum vestigia secuti, de venerabilium fratrum nostrorum S. R. E. cardinalium assensu, universale maximumque Iubilaeum in hac sacra Urbe a prima vespera Natalis Domini anno MDCCCIC inchoandum, et ad primam vesperam Natalis Domini anno MCM finiendum, auctoritate omnipotentis Dei, beatorum apostolorum Petri et Pauli ac nostra, quod gloriae divinae, animarum saluti, Ecclesiae incremento bene vertat, indicimus per has litteras et promulgamus, ac pro indicto promulgatoque haberi volumus.

f) *De requisitis ad indulgentiam lucrandam* — Quo quidem Iubilaei anno durante, omnibus utriusque sexus christifidelibus vere poenitentibus et confessis sacraque Communione refectis, qui beatorum Petri et Pauli, item sancti Ioannis Lateranensis et sanctae Mariae Maioris de Urbe basilicas semel saltem in die per viginti continuos aut interpolatos dies sive naturales sive ecclesiasticos, nimirum a primis vesperis unius diei ad integrum subsequentis diei vespertinum crepusculum computandos, si Romae degant cives aut incolae: si vero peregre venerint, per decem saltem eiusmodi dies, devote visitaverint, et pro Ecclesiae exaltatione, heresum extirpatione, catholicorum

principum concordia, et christiani populi salute pias ad Deum
preces effuderint, plenissimam peccatorum suorum indulgentiam,
remissionem et veniam misericorditer in Domino concedimus et
impertimus.

g) *De legitime impeditis* — Quoniamque potest usuvenire
nonnullis ut ea, quae supra praescripta sunt, exequi, etsi maxime
velint, tamen aut nullo modo aut tantummodo ex parte queant,
morbo scilicet aliaque causa legitima in Urbe aut ipso in itinere
prohibiti; idcirco Nos piae eorum voluntati, quantum in Domino
possumus, tribuimus ut vere poenitentes et confessione rite abluti
et sacra Communione refecti, indulgentiae et remissionis supra
dictae participes perinde fiant, ac si basilicas, quas memoravimus, diebus per Nos definitis reipsa visitassent.

h) *Adhortatio* — Quotquot igitur ubique estis, dilecti
filii, quibus commodum est adesse, ad sinum Roma suum vos
amanter invitat. Sed tempore sacro decet catholicum hominem,
si consentaneus sibi esse velit, non aliter versari Romae, nisi
fide christiana comite. Propterea posthabere nominatim oportet
leviorum profanarumque rerum intempestiva spectacula, ad ea
converso potius animo quae religionem pietatemque suadeant.
Suadet autem imprimis, si alte consideretur, nativum ingenium
Urbis, atque eius impressa divinitus effigies, nullo mortalium
consilio, nulla vi mutabilis. Unam enim ex omnibus Romanam
Urbem ad munera excelsiora atque altiora humanis delegit, sibique sacravit servator humani generis Iesus Christus. Hic domicilium imperii sui non sine diuturna atque arcana praeparatione constituit: hic sedem Vicarii sui stare iussit in perpetuitate
temporum: hic caelestis doctrinae lumen sancte inviolateque cu-
stodiri, atque hinc tamquam a capite augustissimoque fonte in
omnes late terras propagari voluit, ita quidem ut a Christo ipso
dissentiat quicumque a fide Romana dissenserit. Augent sancti-
tudinem avita religionis monumenta, singularis templorum maiestas, Principum apostolorum sepulcra, hypogea martyrum for-
tissimorum. Quarum rerum omnium qui probe sciat excipere voces, sentiet profecto non tam peregrinari se in civitate aliena,
quam versari in sua, ac melior, adiuvante Deo, discessurus est
quam venerit.

Ut autem etc. Nulli ergo etc. Si quis etc.

Datum Romae, apud Sanctum Petrum, anno Incarnationis Dominicae MDCCCIC, V Idus Maii, pontificatus nostri anno XXII.

XXIII 6. PIUS XI « INFINITA DEI MISERICORDIA » 29 MAI.
1924 : Indictio universalis Iubilaei anni sancti millesimi nongentesimi vicesimi quinti.

Pius episcopus servus servorum Dei, universis christifidelibus, praesentes litteras inspecturis, saltem et apostolicam benedictionem.

a) *Annuntiatio Anni Sancti* — Infinita Dei misericordia sibi ad exemplum proposita, identidem Ecclesia id consilii persequitur, ut, singulari aliqua via et ratione, ad culpae expiationem vitaeque emendationem homines alliciat ac revocet, qui solent, vel ob voluntatem a fide catholica abalienatam, vel ob segnitatem atque inertiam, usitata salutis adiumenta neglegere, et poenas admissorum vindici Deo pendendas ne cogitant quidem, nedum accurate efficaciterque considerent. Extraordinarium sane eiusmodi ad renovandos animos praesidium vobis, dilecti filii, auspicato afferet Iubilaeum Magnum, ex more institutoque maiorum in alma hac Urbe proximo anno celebrandum; quod nostis nuncupari itidem Annum Sanctum consuevisse, quia et sanctissimis initur, ducitur absolviturque ritibus et ad sanctitatem morum promovendam tam aptum habetur quam quod maxime.

b) *Celebratio Iubilaei partinet ad animos singulorum expiandos eorumque morbis medendum* — Iamvero si unquam alias oportuit, at potissimum hodie oportet, ut vos, illud Pauli iterando, moneamus : Ecce nunc tempus acceptabile, ecce nunc dies salutis ; quo quidem tempore nullum profecto opportunius commodiusque comparandis unicuique vestrum reconciliationis gratiaeque thesauris reperiatis. Nec dubitare licet quin divino Ecclesia instinctu piacularem hunc annum vertentibus annis, certo quodam intervallo, interiecerit ; quippe quae, ut alios ritus — multo quidem ampliore significatione atque efficientia — ab Antiquo Foedere est mutuata salubriter, ita hunc quoque, ad Anni Sabbatici exemplum, in christianos mores induxerit. Maximis

enim beneficiis, quae dominicum illud institutum Hebraeis, quinquagesimo quoque anno, afferebat, nonne gratiae praenuntiaban-
tur et significabantur, quas fidelibus per Anni Sancti decursum
impetrandas proponimus? Ratio quidem in utrisque haud absi-
milis, sed hae illis sic praestant, quemadmodum spirituales res
terrenis rebus antecellunt. Quod scilicet Hebraei Anno Sabba-
tico, bonis recuperatis quae in aliorum ius cesserant, « ad possessionem suam » revertebantur; quod servi « ad familiam pristinam » sese liberi recipiebant et debitoribus aes alienum condo-
nabatur, id omne apud nos felicius piaculari anno contingit
atque efficitur. Quicumque enim paenitendo apostolicae Sedis
salutaria iussa, Iubilaeo magno vertente, perficiunt, iidem, tum
eam, quam peccando amiserant, meritorum donorumque copiam
ex integro reparant ac recipiunt, tum de asperrimo Satanae do-
minatu sic eximuntur ut libertatem repetant qua Christus nos
liberavit, tum denique poenis omnibus, quas pro culpis vitiis-
que suis luere debuerant, ob cumulatissima Christi Iesu, B. Mariae Virginis Sanctorumque merita, plene exsolvuntur.

c) *Annus sacer ad singulorum civitatumque pacificationem
summopere valeat* — Verum non huc tantummodo — nempe ad
animos singulorum expiandos eorumque morbis medendum —
Iubilaei Magni producta per annum celebratio pertinet. Hoc
enim tempore accepto, praeter locorum visitationem sanctissimorum et multiplicatas privatim publiceque pietatis exercita-
tiones, uberrimarum e caelo gratiarum adiumenta plurimum ha-
bebunt momenti in excitandos universe ad altiorem sanctitatis
gradum animos atque in societatem hominum reparandam. Etenim, ut exlex singulorum licentia in commune vergit detrimen-
tum, ita, singulis ad bonam frugem conversis ad sanctiusque
vitae institutum properantibus, consociationem ipsam humanam
necesse est emendari arctiusque cum Christo Iesu cohaerere.
Quam quidem emendationem utinam eventum hoc, pro praesenti rerum conditione, accelerando afferat. Nam, etiamsi rei catholicae haud exigua accesserint recentiore aetate incrementa, et
multitudines — diu multumque expertae, spes melioris status
quam sit inanis quamque inquietus exsistat, remoto Deo, animus
— religionem ardentius veluti sitire videantur, oportet tamen,
et populares et ipsas nationum effrenatas inhumanasque cupi-
ditates, ad evangelicae legis praescripta, cohiberi et homines di-

vina inter se caritate copulari. Est sane intellectu difficile, nisi
eiusmodi caritatem — nimium diu, postremi belli causa, con-
sopitam, immo etiam omnino depositam — et cives denuo in-
duant et gubernatorum consilia redoleant, quo pacto fraterna
populorum necessitudo et mansura pax redintegretur. Ad hanc
profecto singulorum civitatumque pacificationem quantopere annus sacer valeat quantasque habeat opportunitates, vix attingere ac declarare attinet. Quid enim coniungendis inter se hominibus populisque conducibilius, quam ut ingens peregrinorum
numerus Romam, in hanc alteram catholicarum gentium patriam,
undique confluant,communem Patrem simul conveniant, communem fidem coniunctim profiteantur, ad sanctissimam Eucharis-
tiam, unitatis effectricem, una promiscueque accedant, eumque
imbibant augeantque caritatis spiritum, quem praecipuam esse
christianorum notam vel sacra Urbis monumenta in memoriam
redigant omnium mirificeque suadeant? Qua quidem caritatis per-
fectione cupimus Nobiscum illae coniungantur ecclesiae, quas
saeculare funestissimumque discidium a Romana Ecclesia disti-
net: nihil enim Nobis tam gratum tamque suave accidere posset,
quam, si non eas quidem universas, at saltem multos ex earum
gremio, ad unum Christi ovile redeuntes, peramanter, hac Iubilaei maximi occasione, amplexari filiorumque in numerum ca-
rissimorum adscribere. Praeclari optatissimique eiusmodi fructus fore ut ex Anni Sancti celebratione haud postremo loco hau-
riantur, aliqua profecto spe nitimur. Ad alendam quidem exci-
tandamque popularium pietatem maioremque percipiendam utilitatum copiam summopere utique prodesset, si res ita per Iubilaei cursum peragi ordinarique liceret quemadmodum ante actis
aetatibus licuit; at quicquid efficacitatis ex rerum temporum-
que conditione aut statis ministeriis aut consiliis ad apparanda
regundave futura sollemnia initis deesse quoquo modo possit,
id benignissimus Deus, rogamus, divitiis copiose suppleat misericordiae suae.

    d) *Indictio Iubilaei* — Itaque, cum tanta catholicae rei
redemptisque pretioso Iesu Christi Sanguine animis lucra atque
emolumenta obventura et prospiciamus et fidenter Nobis spon-
deamus ac polliceamur, auctorem largitoremque bonorum omnium Deum implorantes, ut coepto huic Nostro favere hominum-
que voluntates ad paenitendum et singulari hac gratia fruendum

allicere velit ac permovere, Romanorum Pontificum decessorum nostrorum vestigiis insistentes, de venerabilium fratrum nostrorum S. R. E. cardinalium assensu, universale maximumque Iubilaeum in hac sacra Urbe a prima vespera Natalis Domini anno MCMXXIV inchoandum et ad primam vesperam Natalis Domini anno MCMXXV finiendum, auctoritate omnipotentis Dei, beatorum apostolorum Petri et Pauli, ac nostra, ad ipsius Dei gloriam, ad animarum salutem et catholicae Ecclesiae incrementum, indicimus per has litteras ac promulgamus, ac pro indicto promulgatoque haberi volumus.

e) *De requisitis ad indulgentiam lucrandam* — Hoc igitur Anni Sancti decursu, omnibus utriusque sexus christifidelibus, qui, rite expiati et sacra Synaxi refecti, beatorum et Petri et Pauli et sancti Ioannis ad Lateranum et sanctae Mariae Maioris de Urbe basilicas semel saltem in die, per viginti continuos aut interpolatos dies sive naturales sive ecclesiasticos, idest a primis vesperis unius diei ad integrum subsequentis diei vespertinum crepusculum computandos, si Romae degant cives aut incolae, si vero peregre venerint, per decem saltem eiusmodi dies, pie inviserint et ad mentem nostram oraverint, plenissimam peccatorum suorum indulgentiam, remissionem ac veniam misericorditer in Domino concedimus atque impertimus.

f) *Pax in animis consignetur* — Quaenam autem, dilecti filii, sit in universum mens Romani Pontificis, profecto non ignoratis : at peculiare aliquid hac Iubilaei maximi occasione intendimus, quod vos ipsi Nobiscum impetretis. Pacem dicimus, non tam tabulis inscriptam, quam in animis consignatam, inter populos restituendam, quae, etsi non tam hodie fortasse abest, quam antehac afuit adhuc tamen remotior, quam pro nostra et communi exspectatione, videtur. Praecipuum igitur eiusmodi bonum si quidem vos, Urbis incolae advenaeque, solutis a culpa incensisque caritate animis, ad apostolorum limina imploraveritis, nonne bene sperandum, fore ut Princeps pacis Christus, qui maris Galilaeae fluctus nutu olim sedavit, tandem aliquando suorum misertus, tempestates, quibus tamdiu Europa iactatur, considere sedarique item iubeat?

g) *Acatholici omnes ad veram Christi Ecclesiam confugiant, et res Palaestinenses bene ordinentur* — Mens praeterea

est nostra, ut quicumque aut Urbem incolunt aut huc sunt Iubilaei causa peregrinaturi, duplex aliud Dei miserationi negotium
instando commendent, quod maximis Nos curis sollicitudinibus-
que excruciat et religionis interest vehementer: scilicet ut acatholici omnes ad veram Christi Ecclesiam confugiant, et res
Palaestinenses sic demum ordinentur et componantur, quemadmodum catholici nominis iura sanctissima postulant.

h) *De legitime impeditis* — Quae autem supra servanda
ediximus ut plenissima Iubilaei venia lucri fiat, pro iis qui aut
morbo aliaque legitima causa in Urbe vel ipso in itinere prohibiti
aut morte interim praerepti, praefinitum dierum visitationum-
que numerum nondum compleverint neve inchoaverint quidem,
ita temperamus, ut iidem, a culpis rite absoluti ac sacra Communione refecti, indulgentiae remissionisque iubilaris participes
perinde sint, ac si quattuor, quas memoravimus, basilicas reapse
invisissent.

i) *Adhortatio* — Iam nihil est reliquum, dilecti filii, nisi
ut vos amantissime Romam devocemus invitemusque omnes, ut
his tantis divinae clementiae thesauris fruamini, quos sancta
Mater Ecclesia vobis lucrandos proponit. In quo ignavos desi-
desque vos esse dedeceat, quando, per haec potissimum tempora,
tam vehementi aviditate, ne salva quidem fide officiique conscientia, ad quaestum terrenarum opum concurritur. Recolitote praeterea, quam magnus, superioribus aetatibus, peregrinorum ex
omni ordine numerus in almam hanc Urbem per Annum Sanctum, diuturnis, laboriosis infestisque plerumque itineribus, con-
venerint: quos nimirum ab aeternae beatitudinis studio nulla
absterruerunt incommoda. Si quid autem molestiae aut iter eiusmodi aut in Urbe mansio pepererit, non modo castigatio haec,
paenitentiae spiritu tolerata, ad veniam uberius promerendam
adiumento erit, sed multis quoque, iisdemque omne genus, solatiis compensabitur. Urbem enim petituri estis, quam Servator
hominum Iesus Christus delegit, ut suae esset religionis centrum
et perpetua Vicarii sui Sedes: Urbem, inquimus, unde ad vos
et doctrinae sanctae et caelestis veniae securi purissimique la-
tices effluunt. Communis heic omnium vestrum Pater, quem vos
diligentem diligitis, bene vobis precabitur: heic ad vetustissima
hypogea, ad sepulcra Principum apostolorum, ad conditas glo-

riosissimorum martyrum reliquias facilis pietati vestrae aditus : templa, praeterea, patebunt, tot saeculorum decursu in Dei
sanctorumque caelitum honorem erecta, ea sane magnificentia
eoque artificio, ut in totius orbis admiratione nullo non tempore
fuerint atque in posterum futura sint. Quae quidem christianae
religionis monumenta si pie, si orando, ut decet, inviseritis, mi-
rum fide quam experrecta quamque inclinata in melius voluntate
in regiones quisque vestras redituri estis. Neque enim versari
vos Romae oportet, ut cotidiani viatores hospitesque consuevere ;
immo etiam, profana quaelibet devitantes, paenitentiae spiritu imbuti, a quo tantum horum naturalismus temporum abhorret, et
modestiam in vultu, in incessu, in vestibus potissimum praefe-
rentes, id unice quaeritote quemadmodum animarum vestrarum
negotia gerendo provehatis. In quo pro certo habemus episcoporum vestrorum curam diligentiamque haud vobis defuturam
esse peregrinantibus : aut enim praeibunt praeeruntque ipsimet
agminibus vestris, aut sacerdotes honestissimosque laicos viros
praeficient, quibus ducibus res et quam optime ordinetur et quam
religiosissime perficiatur.

Ut autem etc. Nulli igitur hominum etc. Si quis etc.

Datum Romae, apud Sanctum Petrum, die XXIX mensis
Maii anno Incarnationis Dominicae MCMXXIV, pontificatus nostri III.

XXIV 1. PIUS XI « Quod nuper » 6 Ian. 1933 : *Indictio Anni
Sancti extra ordinem ac generalis maximique Iubilaei
undevicesimo exeunte saeculo a peracta humani generis
redemptione.*

Pius episcopus servus servorum Dei, universis christifidelibus, praesentes litteras inspecturis, salutem et apostolicam benedictionem.

a) *Annuntiatio Anni Sancti extra ordinem* — Quod nuper, sub Iesu Christi nati sollemnia, non modo amplissimo Pur-
puratorum Patrum Collegio iisque omnibus, qui faustorum omi-
num causa Nos convenerant, sed universo etiam catholico orbi
nuntiavimus, id ad effectum deducere properamus, Annum San-

ctum extra ordinem scilicet indicendo ac generale maximumque
Iubilaeum, undevicesimo exeunte saeculo a peracta humani generis Redemptione.

b) *De beneficiis Redemptionis* — Etenim, si ad historiae
fidem in quemnam annum id incidat non omnino exploratum
est, eventum tamen, vel hic potius mirabilium rerum gestarum
ordo, tantae est gravitatis tantique momenti, ut silentio praeter-
mitti non deceat. Hac igitur faustitate permoti, cogitationes convertant, parumper saltem, homines a terrenis fluxisque rebus,
quibus in praesens tam acriter iactantur, ad caelestia perpetuoque mansura; et a trepidis afflictisque horum temporum conditionibus ad spem animum erigant sempiternae illius beatitatis,
ad quam nos Christus Dominus vocavit, suo profuso sanguine
immensisque editis omne genus beneficiis. A cotidianae vitae
strepitu se colligant ac secum « recogitent corde », per hoc praesertim saecularis anni spatium, quantopere nos Servator noster
dilexerit et quam ardenti studio nos a peccati servitute liberave-
rit; ita profecto auctiore caritate fervescent et ad Amantem re-
damandum veluti necessitate quadam compellentur.

Placet heic, ad omnium utilitatem, divinorum eiusmodi be-
neficiorum seriem vel breviter repetere, e quibus is etiam, quo
fruimur, quoque gloriamur, effluxit civilis veri nominis cultus:
institutam primitus in « Coena Domini » sacrosanctam Euchari-
stiam, ac singulis impertitam apostolis, qui sacerdotali ordini
per ea verba initiantur: « Hoc facite in meam commemoratio-
nem » (Luc. XXII, 19; I Cor. XI, 24); Iesum Christum passum,
cruci affixum ac pro hominum salute mortuum; Mariam Virginem, sub cruce Nati, omnium hominum matrem constitutam;
ac dein admirabilem Iesu Christi resurrectionem, nostrae item
resurrectionis conditionem certumque pignus: mox apostolis ab
eo tributam potestatem remittendi peccata; ac verum iurisdic-
tionis Primatum Petro eiusque successoribus concreditum atque
confirmatum: Dominicam denique Ascensionem, Spiritus Sancti
Paraclyti descensum atque primam, prodigiali triumphalique
modo actam, evangelicam apostolorum praedicationem. Quidnam, dilecti filii, sanctius; quidnam saeculari celebratione di-
gnius? Ex hisce enim mirandis rebus gestis divinisque muneribus, quibus terrena Iesu Christi vita concluditur, vita nobis ema-

nat, quae vera vita est, ac novus universae hominum consortioni
saeculorum nascitur ordo.

c) *Adhortatio* — Id igitur intento animo recolamus fla-
grantique caritate per piacularem annum veneremur. Ad pre-
candi studium, ad paenitendum pro admissis cuiusque nostris
excitemur, nostrae non modo sempiternae saluti precibus pia-
culisque prospicientes, sed totius etiam humani generis, tot erro-
ribus devii, tot simultatibus contentionibusque discordis, tot ae-
rumnis conflictati periculisque anxii.

Ac faxit utinam miserentissimus Deus ut sacer, quem proxime auspicaturi sumus, annus pacem animis, debitam ubique
libertatem Ecclesiae, atque populis omnibus concordiam veramque prosperitatem reducat.

d) *De speciali indole huius Anni Sancti* — Quoniam vero
Iubilaris haec celebratio adventantibus Paschatis sollemnibus in-
cipietur, atque pariter paschali perficietur tempore, opportunum
ducimus episcopos adhortari gregem cuiusque suum, ut per paenitentiae sacramentum rite expientur omnes et Eucharistico pabulo
non modo per id temporis, ad Ecclesiae praescriptioni obtemperandum, sed quam saepissime etiam quamque piissime, per totius
praesertim Anni Sancti decursum enutriantur; atque itidem ut
feria sexta maioris hebdomadis Dominicam Passionem incensio-
re studio meditentur. Peculiaris hoc esto, neque levioris momenti, celebritatis huius fructus.

e) *De peregrinationibus ad Urbem* — Quandoquidem autem plena commissorum venia, quam modo largituri sumus,
Romae dumtaxat, per piacularem hunc annum, lucri fieri potest,
cupimus vehementer ut frequentissimi, dilecti filii, piae peregrinationis causa, ad Urbem confluatis; ad Urbem dicimus,
quae catholicae fidei veluti centrum est et Iesu Christi Vicarii
domicilium ac sedes. Heic enim perinsignes venerari licet Dominicae Passionis reliquias, quas nemo unus poterit e christifidelibus suspicere, qui divina caritate non ferveat, et ad per-
fectiorem vitam excitari sese non sentiat. Heic illa, ut nostis,
asservatur mensa, in qua memoriae traditum est Iesum Christum D. N. Angelorum Panem consecrasse ac mirabundis discipulis semetipsum, Eucharisticis velis delitescentem, imper-
tiisse. Heic denique, dilecti filii, communem habetis Patrem, qui

vos amanti voluntate praestolatur, vobisque exoptat, vestris rebus atque inceptis bene a Deo precari.

f) *De peregrinationibus ad Palaestinam.* — Rei praeterea consentaneum est ut ad sacra etiam Palaestinae loca piae habeantur frequentioresque peregrinationes per huius anni decursum; ibique fideles sanctissimarum rerum, quae commemorantur, theatrum summa religione invisant atque venerentur.

Optamus item ut iis locis, ubi insignes asservantur Dominicae Passionis reliquiae, Iubilaei anno vertente, peculiari eaedem pietate recolantur.

g) *Indictio Iubilaei* — Itaque uberum horum fructuum spe laeti, quos iam nunc mente praecipimus ac misericordiarum Patri supplici prece commendamus, de venerabilium fratrum nostrorum S. R. E. cardinalium assensu, generale extra ordinem Iubilaeum in hac sacra Urbe a die secunda mensis Aprilis huius anni inchoandum et ad diem secundam mensis item aprilis anno MCMXXXIV finiendum — idque ad normam can. 923 — auctoritate omnipotentis Dei, beatorum apostolorum Petri et Pauli, ac nostra, ad ipsius Dei gloriam, ad animarum salutem et catholicae Ecclesiae incrementum, indicimus per has litteras et promulgamus, ac pro indicto promulgatoque haberi volumus.

h) *De requisitis ad indulgentiam lucrandam* — Hoc igitur Anni Sancti decursu, omnibus utriusque sexus christifidelibus, qui, rite per Sacramentum Paenitentiae expiati et sacra Synaxi refecti, vel eodem die, vel diversis diebus, quovis ordine servato, basilicas S. Ioannis ad Lateranum, Vaticanam S. Petri, S. Pauli in via Ostiensi et S. Mariae Maioris in Exquiliis ter pie inviserint et ad mentem nostram oraverint, plenissimam totius poenae, quam pro peccatis luere debent, indulgentiam misericorditer in Domino concedimus atque impertimus, obtenta prius ab iisdem admissorum cuiusque suorum remissione ac venia. Quam ad rem animadvertendum est posse fideles, vixdum e basilica post actam sacram visitationem egressos, iterum atque illico in eam ingredi ad alteram ac tertiam perficiendam visitationem. Quod quidem eo consilio statuimus, ut res tota expeditius fieri queat.

Quaenam autem, dilecti filii, sit in universum mens Romanorum Pontificum profecto non ignoratis; quaenam sit, peculiari hac in causa, mens nostra diserte satis iam supra proposuimus.

Decernimus praeterea iubilarem hanc indulgentiam a christifidelibus cum sibi, tum vita functis toties lucri fieri posse, quoties imperata opera rite perficiantur.

i) *De precibus requisitis* — Ut vero quae in sacris hisce visitationibus effundentur preces ad divinae Redemptionis ac praesertim ad Dominicae Passionis memoriam fidelium animos studiosius referant atque excitent, haec, quae sequuntur, statuimus atque iubemus: praeter eas supplicationes, quae ultro pro singulorum pietate ad Deum admovebuntur, quinquies ante Augusti Sacramenti aram preces « Pater, Ave et Gloria » recitari debent ac semel insuper ad mentem nostram; omnes dein ante Iesu Christi crucifixi imaginem ter fidei professionem « Credo » pronuntient, ac semel precatiunculam « Adoramus te, Christe, et benedicimus tibi, etc. » vel aliam id genus; mox Deiparae Virgini se sistant atque septies inibi, dolores eius recolendo, salutationem angelicam « Ave Maria » recitent, preculam semel adiiciendo: « Sancta Mater, istud agas, etc. » vel aliam eiusmodi; denique ad Confessionis aram conveniant, atque iterum catholicam fidem usitata formula, quam supra memoravimus, devote profiteantur.

k) *De legitime impeditis* — Quae autem heic servanda ediximus ut plenissima Iubilaei venia lucri fiat, pro iis qui aut morbo aliaque legitima causa in Urbe vel ipso in itinere prohibiti aut morte interim praerepti, praefinitum visitationum numerum nondum compleverint neve inchoaverint quidem, ita temperamus, ut iidem, a culpis rite absoluti ac sacra Communione refecti, indulgentiae remissionisque iubilaris participes perinde sint, ac si quattuor, quas memoravimus, basilicas reapse invisissent.

l) *De basilica Sessoriana S. Crucis et de Scalis Sanctis* — Restat ut vos, dilecti filii, cum Romae incolas, tum advenas, enixe in Domino adhortemur ut, opportunam hanc occasionem nacti, celeberrimum, quod in Sessoriana S. Crucis basilica exstat, Sanctarum Reliquiarum sacellum summa religione in-

visatis, utque Scala's Sanctas, de more precando meditandoque,
ascendatis.

Ut autem etc. Nulli ergo hominum etc. Si quis etc.

Datum Romae, apud Sanctum Petrum, die VI mensis Ianuarii, in festo Epiphaniae Domini, anno MCMXXXIII, pontificatus nostri XI.

XXV 6. PIUS XII « Iubilaeum maximum » 26 Mai. 1949: *Indictio universalis Iubilaei anni sancti millesimi nongentesimi quinquagesimi.*

Pius episcopus servus servorum Dei, universis christifidelibus, praesentes litteras inspecturis, salutem et apostolicam benedictionem.

a) *Essentia Iubilaei* — Iubilaeum maximum, quod per
proximi anni decursum hac in alma Urbe celebrabitur, eo potissimum spectat ut christianos omnes non modo ad admissorum expiationem revocet emendationemque vitae, sed etiam ad
virtutem sanctitudinemque assequendam, secundum illud:
« Sanctificamini et estote sancti, quia ego sum Dominus Deus
vester » (Lev. XX, 7: cfr. I' Petr. I, 16). Ex quo quidem facile
cernitur quae quantaque sit antiquissimi huius instituti utilitas. Si enim homines hanc Ecclesiae vocem exaudierint, si a
terrenis fluxisque rebus ad aeterna se converterint perpetuoque
mansura, tum procul dubio optatissima illa habebitur renova-
tio animorum, ex qua non tantum privati, sed publici etiam
mores christianis praeceptis christianoque afflatu conformabun-
tur. Siquidem cum recta vivendi ratio singulorum mentes per-
movet ac sincere efficienterque dirigit, tum necessario consequi-
tur, ut nova quaedam vis atque impulsio universam attingat ac
pervadat humanae consortionis compagem, quae ad meliorem
felicioremque rerum ordinem revocetur. Atqui, si umquam alias,
hodie potissimum necesse est Evangelii veritate virtuteque re-
formare omnia. Hominum nisus, quamvis sint laude digni, nec
fallacibus moveantur rationibus, tantae huic rei impares tamen
sunt; augusta solummodo religio, quae superno auxilio divina-
que gratia innititur, tam grandem potest suscipere causam, eam-

demque, actuose contendentibus omnibus, ad salutiferum exitum adducere.

b) *Adhortatio ad episcopos* — Quamobrem vehementer optamus ut ubique terrarum sacrorum antistites una cum clero cuiusque suo, commissum sibi gregem ea diligenter edoceant, quae ad proximum Iubilaeum maximum pertineant; eosdemque adhortentur ad illud aptiore, quo poterunt, modo participandum, sive Romam venire queant, sive domi permaneant; impensiores nempe preces ad Deum fundant; sanctae paenitentiae caritatisque opera multiplicent; ac cetera pro viribus agant, quae Nos, utpote peculiaria proposita per Annum Sanctum assequenda, iam occasione data enuntiavimus.

c) *Indictio Iubilaei* — Itaque, iam nunc uberes salutaresque fructus mente praecipientes, quos supplici a divino Redemptore poscimus prece, Romanorum Pontificum decessorum nostrorum vestigiis insistentes, ac de venerabilium fratrum nostrorum S. R. E. cardinalium consilio, universale maximumque Iubilaeum hac in alma Urbe a Natali Domini nostri Iesu Christi, anno MCMIL inchoandum, et ad Natalem Domini nostri anno MCML finiendum — idque ad normam canonis 923 — auctoritate omnipotentis Dei, beatorum apostolorum Petri et Pauli ac nostra, ad ipsius Dei gloriam, ad animorum salutem et catholicae Ecclesiae incrementum, indicimus per has litteras et promulgamus, ac pro indicto promulgatoque haberi volumus.

d) *De requisitis ad indulgentiam lucrandam* — Hoc igitur piacularis anni decursu, omnibus utriusque sexus christifidelibus, qui rite per paenitentiae sacramentum expiati et sacra Synaxi refecti, vel eodem die, vel diversis diebus, quovis ordine servato, basilicas S. Ioannis ad Lateranum, Vaticanam S. Petri, S. Pauli ad viam Ostiensem ac Liberianam in Exquiliis semel pie inviserint, atque ter preces Pater Ave Gloria, semel praeterea Pater Ave Gloria ad mentem nostram, et formulam Credo in unaquaque basilica recitaverint, plenissimam totius poenae, quam pro peccatis luere debent, indulgentiam ac veniam misericorditer in Domino concedimus atque impertimus.

e) *De legitime impeditis* — Quae autem supra servanda ediximus ut plenissima Iubilaei venia lucri fiat, pro iis qui aut morbo aliaque legitima causa in Urbe vel in ipso itinere pro-

hibiti aut morte interim praerepti, praefinitum visitationum numerum nondum compleverint neve inchoaverint quidem, ita temperamus, ut iidem, a culpis rite absoluti ac sacra Synaxi refecti, indulgentiae remissionisque iubilaris participes perinde sint, ac si quattuor, quas memoravimus basilicas reapse inviserint.

f) *De applicatione indulgentiae* — Decernimus praeterea iubilarem hanc indulgentiam a christifidelibus, cum sibi, tum vita functis, toties lucri fieri posse, quoties imperata opera rite perficiantur.

g) *Peculiaris mens Romani Pontificis* — Quaenam vero, dilecti filii, sit in universum mens Romanorum Pontificum profecto non ignoratis; at quaenam sit, ad proximum Annum Sacrum quod attinet, peculiaris mens nostra cupimus apertius clariusque vobis patefacere.

Per admovendas ad Deum supplicationes id imprimis imploretur, ut omnes precando paenitendoque sua quisque admissa expient, atque ad christianam morum emendationem ad christianamque virtutem ita contendant, ut hoc Iubilaeum maximum feliciter maturet universalem omnium ad Christum reditum. Idque praeterea est a Deo supplici petendum prece ut fidelitas, divino Redemptori ab eoque conditae societati debita, inconcussa mente actuosaque voluntate ab omnibus retineatur; ut sanctissima Ecclesiae iura adversus hostium insidias, fallacias, insectationesque incolumia semper inviolataque serventur; itemque ut qui adhuc sint catholicae veritatis expertes, qui e recto itinere aberrent, ac vel ipsi infitiatores osoresque Dei superna luce collustrentur, ac flexanima gratia permoti ad Evangelii adducantur obtemperandum praeceptis; ut recte composita ac serena tranquillitas ubique terrarum, ac praesertim in sacris Palaestinae locis, quam primum constabiliatur; ut civium ordines, pacatis odiis sedatisque discordiis, iustitia fraternaque concordia invicem coniungantur; ut denique indigentium multitudines e suo labore habeant, unde honeste vivant, atque ex largitate caritateque eorum, qui elatiore fortuna fruantur, necessaria opportunaque assequantur adiumenta.

Redeat tandem aliquando optatissima pax in omnium animos, in domesticos convictus, in singulas nationes, in univer-

samque populorum communitatem; habeant « qui persecutionem
patiuntur propter iustitiam » (Mt. V, 10) invictam illam fortitudinem, quae Ecclesiam inde ab originibus martyrum cruore
decoravit; qui profugi, qui captivi, qui extorres longe a propriis laribus abstrahuntur, ad dulcissimam possint quantocius
patriam remeare suam; qui autem dolore maeroreque anguntur,
supernis reficiantur solatiis. Christiano pudore fulgeat ac christiana virtute floreat, vigescat animosa iuventus; eique in exemplum praeluceat provecta ac senilis aetas; omnes denique cae-
lesti ea fruantur gratia, quae sit auspicium sempiternae adipiscendae in caelis beatitatis.

h) *Adhortatio ad omnes fideles* — Iam nihil aliud, dilecti filii, reliquum est, nisi ut vos paterna invitemus voluntate
ut Romam per piacularis anni decursum frequentissimi conve-
niatis; Romam dicimus, quae christifidelibus cuiusvis nationis
veluti altera patria est, ubi locum, in quo apostolorum Princeps
post factum martyrium conditus fuit, venerari queunt, ubi sacra martyrum hypogea, ubi templa praeclarissima, ubi avitae
fidei avitaeque pietatis monumenta cernere possunt, ac communem Patrem visere, qui, brachia ad eos pandens, amantissimo
animo eorum adventum praestolatur.

i) *De difficultatibus quoad itinera* — Novimus quidem
itinera non omnibus expedita neque facilia fore; iis praesertim, qui tenuiore fortuna utantur atque in longinquis commo-
rentur terris. Atsi, cum de terrenae huius vitae necessitatibus
agitur, tantopere contenditur ut omne genus difficultates evin-
cantur, cur omnino sperare non liceat futurum ut ingentes undique terrarum multitudines, nullis parcentes laboribus, nullis-
que perterritae incommodis, ad almam hanc Urbem confluant,
caelestia munera impetraturae?

k) *De ratione peregrinandi* — Attamen, dilecti filii, eiusmodi peregrinationes non eorum more suscipiendae sunt, qui
delectationis causa iter facere solent, sed pientissimo eo animo,
quo iam superioribus aetatibus christifideles cuiusvis ordinis ac
cuiusvis gentis, aspera saepenumero commeatuum impedimenta
exsuperantes, ac vel pedites, Romam petiere, ut paenitentiae
lacrimis suas labes proluerent, ac veniam et pacem a Deo im-
plorarent. Avitam hanc fidem actuosumque divinae caritatis ar-

dorem exsuscitate, augete, in ceterosque infundite; atque ita, Dei numine adspirante iuvanteque, fiet ut proximum Iubilaeum maximum et singulis, et universae christianorum consortioni fructus afferat saluberrimos.

Ut autem etc. Nulli igitur etc. Si quis etc.

Datum Romae, apud Sanctum Petrum, die XXVI mensis Maii, anno MCMIL, pontificatus nostri XI.

APPENDIX

Formulae CLAUSULAE *et* SANCTIONIS POENALIS, *quae habentur in documentis pontificiis hoc in Bullario editis.*

Ut vero (Ut autem) praesentes litterae ad omnium fidelium, quibuscumque in locis existentium, notitiam facilius perveniant, volumus earum exemplis, etiam impressis, manu notarii publici subscriptis, ac personae in ecclesiastica dignitate constitutae sigillo munitis, eamdem prorsus fidem haberi, quae haberetur ipsis praesentibus, si exhibitae forent et ostensae.

XI 2, XII 1, XIII 1, XIV 1, XV 2, XVI 1, XVII 2, XVIII 4, XIX 1, XX 2.

Ut autem litterae hae nostrae ad fidelium omnium notitiam facilius perveniant, volumus earum exemplis, etiam impressis, manu tamen alicuius notarii publici subscriptis, ac sigillo personae in ecclesiastica dignitate constitutae munitis, eadem prorsus fides adhibeatur, quae ipsis praesentibus haberetur, si forent exhibitae vel ostensae.

XXII 1 («praesentes litterae ad omnium fidelium» — «eandem prorsus adhiberi fidem»), XXIII 6, XXIV 1, XXV 6 («etiamsi prelo editis»).

Nulli ergo omnino hominum liceat hanc paginam nostrae +++++ infringere, vel ei ausu temerario contraire. Si quis autem hoc attentare praesumpserit, indignationem omnipotentis Dei, ac beatorum Petri et Pauli apostolorum eius, se noverit incursurum.

I 1: confirmationis, approbationis, innovationis, concessionis et constitutionis

I 2: declarationis, voluntatis et exclusionis
II 1: reductionis, constitutionis etc.
III 1: voluntatis, constitutionis et ordinationis
VI 1: innovationis, approbationis, communitionis, con-
stitutionis, statuti et ordinationis
VII 1: ?
VII 2: suspensionis, inhibitionis, mandati et voluntatis
VIII 1: approbationis, innovationis et suspensionis, volun-
tatis, inhibitionis, constitutionis et mandati
VIII 2: suspensionis, approbationis, innovationis, nuntia-
tionis, prohibitionis, voluntatis, constitutionis et
mandati
VIII 3: nuntiationis, declarationis, approbationis, conces-
sionis, innovationis, adiectionis et voluntatis
VIII 4: (om. nostrae) concessionis, inhibitionis, interdicti,
declarationis et voluntatis
IX 1: approbationis, concessionis, innovationis, denuntia-
tionis, adiectionis et voluntatis
X 1: approbationis, innovationis, communitionis, decreti, declarationis, suspensionis, voluntatis et mandati
XI 2: indictionis, monitionis, hortationis, mandati, rogationis et voluntatis
XII 1, XIII 1, XIV 1, XV 2, XVI 1, XVII 2: Indictionis, promulgationis, concessionis, impartitionis,
hortationis, rogationis et voluntatis
XVIII 4, XIX 1, XX 2: indictionis, promulgationis, concessionis, hortationis, rogationis et voluntatis
XXII 1, XXIII 6, XXIV 1, XXV 6: indictionis, promulgationis, concessionis et voluntatis.

INDEX ALPHABETICUS SUMMORUM
PONTIFICUM

Pius IX: XX A, XXI.
Pius XI: XXIII, XXIV.
Pius XII: XXV.

Sixtus IV: VII 2, X 1 i l m n.

Urbanus VI: III 2, VII 1 e f, X 1 e f.
Urbanus VIII: XIII.

INDEX INITIALIS

Documenta, quorum numeri crasso typo habentur, hoc in opuscolo edita sunt.

INDEX OPUSCULI

SERIES THEOLOGICA

14. **Quaestio de unico esse in Christo.** - Documenta saec. XIII (E. HOCEDEZ). pp. 132, 1933

15. **S. Leonis Magni Epistolae contra Eutychis Haeresim.** - I. Epistolae Concilio praemissae (C. SILVA-TAROUCA et F. DI CAPUA). pp. 92, 1934

16. **De Causalitate Sacramentorum.** — Textus scholasticorum principal. (M. GIERENS). pp. 127, 1935

17. **S. Rob. Bellarmini Lib. de Locis Communibus continens Tractatum primum de R. Pontifice** — Fragmenta inedita (S. TROMP). pp. 51, 1935

18. **Documenta Concilii Florentini de Unione Orientalium.** — I. De Unione Graecorum (G. HOFMANN). pp. 34, 1935

19. **Documenta Concilii Florentini de Unione Orientalium.** — II. De Unione Armenorum (G. HOFMANN). pp. 57, 1935

20. **S. Leonis Magni Epistolae contra Eutychis Haeresim.** — II. Epistolae post Concil. datae (C. SILVA-TAROUCA). pp. XII-112, 1935

21. **De Platonismo Patrum.** - (R. ARNOU). pp. 58, 1935

22. **Documenta Concilii Florentini** — III. De unione Coptorum, Syrorum, Chaldaeorum, Maronitarumque Cypri (G. HOFMANN). pp. 58

23. **Epistolae RR. PP. ad vicar. per Illyricum:** coll. Thessal. (C. SILVA-TAROUCA). pp. XVI-88 1937

24. **Opuscula duo de doctrina Baiana** — (H. LENNERZ). pp. 72, 1938

25. **Litt. Encyclicae. I.** — Leo XIII et Pius XI de Matrimonio (Fr. HUERTH). pp. 108, 1942

26. **Litt. Encyclicae. II.** — Pius Papa XII de Mystico Christi Corpore (S. TROMP), ed. 2ª, pp. 146, 1943

27. **Allocutiones tres Pii XII** ... de causis matrimonialibus (S. TROMP) ...

28. **Bullarium Anni Sancti** — (

"Books to Span the East and West"

Tuttle Publishing was founded in 1832 in the small New England town of Rutland, Vermont [USA]. Our core values remain as strong today as they were then—to publish best-in-class books which bring people together one page at a time. In 1948, we established a publishing outpost in Japan—and Tuttle is now a leader in publishing English-language books about the arts, languages and cultures of Asia. The world has become a much smaller place today and Asia's economic and cultural infl uence has grown. Yet the need for meaningful dialogue and information about this diverse region has never been greater. Over the past seven decades, Tuttle has published thousands of books on subjects ranging from martial arts and paper crafts to language learning and literature—and our talented authors, illustrators, designers and photographers have won many prestigious awards. We welcome you to explore the wealth of information available on Asia at **www.tuttlepublishing.com**.

Published by Tuttle Publishing, an imprint of Periplus Editions (HK) Ltd.

www.tuttlepublishing.com

Copyright ©2023 by Periplus Editions (HK) Ltd. All photos Shutterstock.

Library of Congress Catalog-in-Publication Data in progress

ISBN 978-4-8053-1725-9

First edition, 2023
26 25 24 23   5 4 3 2 1

Printed in China   2212CM

TUTTLE PUBLISHING® is a registered trademark of Tuttle Publishing, a division of Periplus Editions (HK) Ltd.

Distributed by

North America, Latin America & Europe
Tuttle Publishing
364 Innovation Drive
North Clarendon,
VT 05759-9436 U.S.A.
Tel: 1 (802) 773-8930; Fax: 1 (802) 773-6993
info@tuttlepublishing.com
www.tuttlepublishing.com

Japan
Tuttle Publishing
Yaekari Building, 3rd Floor,
5-4-12 Osaki, Shinagawa-ku,
Tokyo 141 0032
Tel: (81) 3 5437-017; Fax: (81) 3 5437-0755
sales@tuttle.co.jp
www.tuttle.co.jp

Asia Pacific
Berkeley Books Pte. Ltd.
3 Kallang Sector #04-01
Singapore 349278
Tel: (65) 6741-2178; Fax: (65) 6741-2179
inquiries@periplus.com.sg
www.tuttlepublishing.com

Numbers

1	一	ichi		21	二十一	ni-jū ichi
2	二	ni		22	二十二	ni-jū ni
3	三	san		23	二十三	ni-jū san
4	四	yon / yo / shi		24	二十四	ni-jū yon
5	五	go		25	二十五	ni-jū go
6	六	roku		30	三十	san-jū
7	七	shichi / nana		40	四十	yon-jū
8	八	hachi		70	七十	nana-jū
9	九	kyū / ku		80	八十	hachi-jū
10	十	jū		90	九十	kyū-jū
11	十一	jū-ichi		100	百	hyaku
12	十二	jū-ni		200	二百	nihyaku
13	十三	jū-san		300	三百	sanbyaku
14	十四	jū-yon		600	六百	roppyaku
15	十五	jū-go		800	八百	happyaku
16	十六	jū-roku		1,000	千	sen
17	十七	jū-shichi		2,000	二千	nisen
18	十八	jū-hachi		3,000	三千	sanzen
19	十九	jū-kyū		10,000	一万	ichiman
20	二十	ni-jū		1 million	百万	hyakuman

Basic Verbs

to be (things)	あります	arimasu		to go	行きます	ikimasu
to be (people, animals)	います	imasu		to go home	帰ります	kaerimasu
is / are (auxiliary verb)	です	desu		to listen / hear	聞きます	kikimasu
to do	します	shimasu		to look / see	見ます	mimasu
to have	あります	arimasu		to make	作ります	tsukurimasu
to be able to	出来ます	dekimasu		to sleep	寝ます	nemasu
to buy	買います	kaimasu		to speak	話します	hanashimasu
to come	来ます	kimasu		to understand	分かります	wakarimasu
to drink	飲みます	nomimasu		to use	使います	tsukaimasu
to eat	食べます	tabemasu		to walk	歩きます	arukimasu

Transportation

transport	乗り物	norimono		car	車	kuruma
to get on	乗る	noru		on foot	歩いていく	aruite iku
to get off	降りる	oriru		plane	飛行機	hikōki
bicycle	自転車	jitensha		subway	地下鉄	chikatetsu
bullet train	新幹線	shinkansen		taxi	タクシー	takushī
bus	バス	basu		train	電車	densha

At a Hotel

My name's X.	私はXです。	Watashi wa X desu.
I've made a reservation.	予約をしてあります。	Yoyaku o shite arimasu.
How much is it per night?	一泊はいくらですか。	Ippaku wa ikura desu ka?
Do you have a double room?	二人部屋ありますか。	Futari beya arimasu ka?
Could I see the room?	部屋を見せてもらえますか。	Heya o misete moraemasu ka?
What time is breakfast?	朝食は何時ですか。	Chōshoku wa nan ji desu ka?
What time is check out?	チェックアウトは何時ですか。	Chekku outo wa nan ji desu ka?

Sightseeing

Do you have a map?	地図がありますか。	Chizu ga arimasu ka?
Is there an English-speaking guide?	英語のガイドがいますか。	Eigo no gaido ga imasu ka.
How long is the tour?	ツアーは何時間かかりますか。	Tsuā wa nan jikan kakarimasuka?
What time does it open?	何時に開きますか。	Nan ji ni akimasuka?
What time does it close?	何時に閉まりますか。	Nan ji ni shimarimasuka?
How much is it to get in?	入場料はいくらですか。	Nyūjō ryō wa ikura desu ka?

Shopping

Do you sell X?	Xがありますか。	X ga arimasu ka?
Do you have something cheaper?	もっと安いのはありますか。	Motto yasui no wa arimasu ka?
Could you show me X?	Xを見せてください。	X o misete kudasai.
Can I try this on?	試着できますか。	Shichaku dekimasu ka?
I'll take this one.	これをください。	Kore o kudasai.
How much is it?	いくらですか。	Ikura desu ka?
Can I pay by credit card?	クレジットカードで払えますか。	Kurejitto kādo de haraemasu ka?
Can I have a receipt?	レシートをまらえますか。	Resheeto o moraemasu ka?

Where is it?

place	場所	basho	next to	隣	tonari
right	右	migi	between	間	aida
left	左	hidari	close	近く	chikaku
front	前	mae	ahead	先	saki
back	後ろ	ushiro	this side	手前	temae
above; on	上	ue	opposite	反対	hantai
below; under	下	shita	middle	真ん中	man'naka
inside	中	naka	the front	表	omote
outside	外	soto	the back	裏	ura

Travel

travel	旅行	ryokō
to cancel	キャンセルする	kyanseru suru
gift shop	お土産屋	omiyage-ya
guidebook	ガイドブック	gaidobukku
hotel	ホテル	hoteru
hot spring	温泉	onsen
information desk	案内所	an'nai jo
Japanese-style inn	旅館	ryokan
luggage	荷物	nimotsu
map	地図	chizu
one-night stay	一泊	ippaku
overseas travel	海外旅行	kaigai ryokō
package tour	ツアー	tsuā
passport	パスポート	pasupōto
to relax	ゆっくりする	yukkuri suru
reservation	予約	yoyaku
sightseeing	観光	kankō
souvenir	お土産	omiyage
to stay	泊まる	tomaru
suitcase with wheels	キャリーバッグ	kyarībaggu
ticket	切符	kippu
tour bus	観光バス	kankō basu
tourist	観光客	kankō kyaku
travel agency	旅行会社	ryokō gaisha

At a Restaurant

A table for two, please	二人分のテーブルお願いします。	Futari bun no teburu onegaishimasu.
What time does the restaurant open?	レストランは何時からですか。	Resutoran wa nan ji kara desu ka?
What time does the restaurant close?	レストランは何時までですか。	Resutoran wa nan ji made desu ka?
May we sit here?	ここに座ってもいいですか。	Koko ni suwatte mo ii desu ka?
Can we eat outside?	そとども食べられますか。	Soto demo tabararemasuka?
Where are the restrooms?	お手洗いはどこですか。	Otearai wa doko desu ka?
Do you have an English menu?	英語のメニューがありますか。	Eigo no menyū ga arimasuka?
I'd like X.	Xお願いします。	X onegaishimasu.
Could we have the bill, please?	お勘定お願いします。	O kanjo onegaishimasu.
That was a wonderful meal!	とても美味しかったです。	Totemo oishikatta desu!

Useful Japanese Words and Phrases

Daily Expressions

Hello.	こんにちは。	**Kon'nichiwa.**
Good morning.	おはよう。	**Ohayō.**
Good evening.	こんばんは。	**Kon'banwa.**
I'm sorry. / Thank you.	すみません。	**Sumimasen.**
Thank you.	ありがとう。	**Arigatō.**
Thank you. / Sorry.	どうも。	**Dōmo.**
Thank you *[before eating]*.	いただきます。	**Itadakimasu.**
Thank you *[after eating]*.	ごちそうさま。	**Gochisōsama.**
Congratulations!	おめでとう。	**Omedetō!**
See you!	じゃ、また。	**Ja, mata!**
Goodbye.	さよなら。	**Sayonara.**
Good night.	おやすみなさい。	**Oyasumi nasai.**
Please *[offering]*.	どうぞ。	**Dōzo.**
please *[requesting]*	お願いします	**onegai shimasu**
please *[ordering]*	下さい	**kudasai**
Nice to meet you.	初めまして。	**Hajimemashite.**
one more time	もう一度	**mō ichido**
Thanks for your work.	お疲れ様です。	**Otsukaresama desu.**
Good luck!	頑張って。	**Ganbatte!**
I'll do my best.	頑張ります。	**Ganbarimasu.**
Cheers!	乾杯。	**Kanpai!**

Personal Information

name	名前	**namae**
age	年齢	**nenrei**
nationality	国籍	**kokuseki**
address	住所	**jūsho**
email address	メールアドレス	**mēru adoresu**
phone number	電話番号	**denwa bangō**
date of birth	生年月日	**seinen gappi**
occupation	職業	**shokugyō**
hometown	出身	**shusshin**
educational history	学歴	**gakureki**
resume	履歴書	**rirekisho**
I'm single.	独身です。	**Dokushin desu.**
I'm engaged.	婚約しています。	**Kon'yaku shite imasu.**
I'm married.	結婚しています。	**Kekkon shite imasu.**
I'm separated.	別居しています。	**Bekkyo shite imasu.**
I'm divorced.	離婚しました。	**Rikon shimashita.**

·

Himeji Castle

One of the finest surviving castles in Japan, dating back to 1333.
The largest and most visited of Japan's castles,
it was given UNESCO World Heritage status in 1993.

Striking
against the
dawn sky.

The castle
surroundings
are really
beautiful too!

Miyajima

Miyajima Island, famous for the red torii gate of Itsukushima Shrine, is a short ferry ride from Hiroshima.

Whether the tide is in or out, the view of this giant red shrine gate is always spectacular.

The deer at Itsukushima aren't scared to ask for food!

Hiroshima

The historic city of Hiroshima is a must-see.

No visit to Hiroshima would be complete without going to the Peace Memorial Park and the Hiroshima Peace Memorial Museum.

Hiroshima's speciality — okonomiyaki!

Kiyomizu Temple has dramatic views.

There's a tranquil stone garden at Ryoanji Temple.

Traditional lanterns

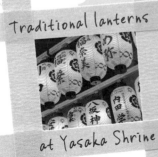

at Yasaka Shrine

Kyoto's Top Temples!

kinkakuji — the Golden Pavilion.

Fushimi Inari Shrine is famous for its iconic red gates.

A Stroll Around Kyoto

At Sannenzaka you feel like you're in old Kyoto.

I was lucky enough to catch a glimpse of a geisha in Gion!

Nijo Castle is famous for its famous "nightingale" squeaking floorboards.

Teramachi is a great traditional shopping arcade.

Map of Kyoto Stations

Subway Kyoto

■ **Karasuma-Line**
鳥丸線

■ **Tozai-Line**
東西線

Kokusaikaikan

Matugasaki

Kitayama

Kitajoi

Kurama-guchi

Imadegawa

Marutamachi

Nishioji Oike

Karasumaoike

Nijojomae

Higashiyama Keage

Uzumasa Tenjingawa

Nijo

Shijo

Kyoto-shiyakusho-mae

Sanjokeihan

Misasagi

Gojo

Yamashina

Kyoto

Higashino

Kujo

Nagitsuji

Jujo

Ono

Kuinabashi

Daigo

Takeda

Ishida

Rokujizo

Shinjuku and Ginza

I loved shopping at the world-class department stores, including Isetan and Takashimaya.

You can sometimes see Mt. Fuji from Shinjuku's tallest buildings, like the observation deck of the Tokyo Metropolitan Government Building, especially at sunset, or on a clear winter day.

In Ginza, shop at the famous Mitsukoshi department store.

Ginza's main streets are closed to traffic on Sundays.

Shibuya

The beating heart of young Tokyo! Step out of the station and let yourself be swept across the famous scramble crossing.

Shop till you drop, enjoy ramen, sushi and other delicious food at the little restaurants that line Center-gai, the main pedestrian shopping street.

Harajuku

At Harajuku's Takeshita Street I discovered new and retro fashion boutiques including lots of cosplay stores!

Omotesando & Meiji Shrine

Omotesando is a top shopping destination. All major designer brands are here, including Louis Vuitton, Chanel and Dior.

Meiji Shrine
An oasis in the city. If you're lucky you might see a traditional Japanese wedding.

Akihabara

Akihabara is Tokyo's "Electric Town."

It's full of anime and manga goods and maid cafes.

Asakusa

Sensoji Temple is Tokyo's top tourist attraction.

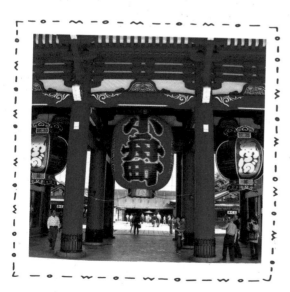

The imposing kaminarimon "Thunder gate" is really impressive.

Korakuen Garden
Korakuen Station
(Marunouchi and Namboku lines)

Tokyo Tower
Onarimon Station (Mita Line)

Manga and anime district
Akihabara
Akihabara Station
(Hibiya Line)

Yoyogi Park
Yoyogi-koen Station
(Chiyoda Line)

Tokyo's Top Sites

The Imperial Palace
Takebashi Station (Tozai Line)

Go shopping in Ginza
Ginza Station (Ginza Line)

Ueno Market
Okachimachi Station (Oedo line)

Yasukuni Shrine
Kudanshita Station
(Hanzomon, Tozai and
Toei Shinjuku lines)

Japan Travel Journal

Name: _ _ _ _ _ _ _ _ _ _

Travel dates: _ _ _ _

Places visited: _ _ _ _

_ _

日本の旅

MT. ASAHIDAKE

NAMAHAGE

ECHIGO YUZAWA

MIYAGI

TOKYO TOUR

GIFU

ASAKUSA

MIYAJIMA

MOUNT FUJI

NARA PARK

KUMAMOTO CASTLE

TUTTLE Publishing

Tokyo | Rutland, Vermont | Singapore